# EM PAUTA:
## corpo, globalização e novas tecnologias

Nízia Villaça

# EM PAUTA:

## corpo, globalização e novas tecnologias

MAUAD / CNPq

Direitos desta edição reservados à
MAUAD Editora Ltda
Av Treze de Maio, 13, Grupo 507 a 509 - Centro
CEP 20031-000 — Rio de Janeiro — RJ
Tel.: (21) 533.7422 Fax: (21) 220.4451
E-mail: mauad@uninet.com.br

**Capa**
**Trama Criação de Arte**

CATALOGAÇÃO NA FONTE
DEPARTAMENTO NACIONAL DO LIVRO

V712e

Villaça, Nízia.
Em pauta: corpo, globalização e novas tecnologias / Nízia Villaça. – Rio de Janeiro: Mauad: CNPq, 1999.
112p.

ISBN 85-7478-006-5

1.Corpo humano.— Aspectos sociais. 2. Corpo humano — Aspectos simbólicos. 3. Corpo Humano (Filosofia). 4. Corpo e mente. I. CNPq. II. Título.

CDD – 128.2

*Para*

**Antoine**

**Sophia**

**Patrick**

## AGRADECIMENTOS

Este livro tornou-se possível graças às pesquisas desenvolvidas na coordenação do Grupo "ETHOS – comunicação, comportamento e estratégias corporais", à provocação representada por convites que me foram feitos para apresentar trabalhos em Centros Culturais, Universidades e Congressos e a aulas ministradas na Pós-Graduação da ECO/UFRJ.

Agradeço a Fred Góes e Ester Kosovski – como eu, coordenadores do Grupo ETHOS – pela troca de idéias e apoio. Aos pesquisadores bolsistas do CNPq, que comigo colaboraram, Bruno Dunshee de Abranches, Verônica Monteiro da Silva e Rodrigo Fernandes da Fonseca, meu muito obrigado. A Jaime Nunes Honório, minha gratidão pela dedicação e eficiência na revisão e digitação final.

## SUMÁRIO

# INTRODUÇÃO

Sem pretender a unidade, um fio percorre os artigos aqui reunidos em pouco mais de um ano. Este fio talvez seja apenas um corpo que se estica, pensa seu avesso, suas origens, suas destinações e seus limites no contexto mundializado e tecnológico. Este corpo-fio se tece e re-tece, ora mudando de pele, engajado nas revoluções tecnológicas, ora resistente na sua corporeidade, ora abrindo-se simplesmente à complexidade dos mais diversos elementos, numa auto-eco-organização, cujo traço humano é dado pela incerteza e pela autonomia feita de dependência.

Este fio é também um pensar sem euforias ou nostalgias, um pensar que oscila aqui e ali entre as mortes anunciadas e as utopias totalitárias. Este fio de pensamento se faz assim sinuoso, buscando, quem sabe, uma utopia aberta (Martín Hopenhayn) ou um realismo utópico (Anthony Giddens).

O fio poderia ter se desenvolvido de outras formas que não a escolhida para este conjunto de ensaios, no qual não são apontadas causas ou efeitos, mas uma constelação de fatos e idéias.

Três artigos se referem mais diretamente ao corpo. O primeiro, "O imaginário da técnica e a semiologia corporal", relata o embate do corpo com as transformações da técnica já agora, com a tecnologia como modo próprio de conhecer do contemporâneo.

O segundo, "Corpos de arlequim", se deixa levar pela temática da mutação, da aceleração e da fragmentação, não sem imprimir a este processo uma integração construída nos agenciamentos do desejo.

O terceiro, "Invasão e desmaterialização no espaço contemporâneo", mais político, pensa as relações de poder, a desmaterialização do corpo e, conseqüentemente, a perda do imaginário da invasão que se desconstrói num mundo de imagens espetaculares, num mundo sem fronteiras. Nostalgia da organização da concretude moderna?

Como desdobramento, segue o artigo "Menos corpo, mais fetiche?" sobre a moda e a desconexão do corpo que perde valor na sociedade de consumo.

O artigo sobre a velhice busca encontrar para os idosos uma cronopolítica em que a perda da linearidade do projeto moderno de longo fôlego seja utilizada positivamente. A crítica ao gerenciamento da terceira idade homogeneizada é feita neste sentido.

Considerando a unidade psicobiosociológica que é o corpo, o artigo "Coreografando o pensar" faz uma homenagem ao filósofo Emmanuel Carneiro Leão e ao aprendizado de um pensamento processado num aqui e num agora, fora de redes sistêmicas e de abstrações.

"Macunaíma: uma releitura no momento global" discute a desmaterialização dos limites e se pergunta pelo papel do corpo da nação em tempo de globalização, velocidade dos mecanismos de informação e autonomização dos processos financeiros, na esteira de grandes complexos transnacionais.

Os caminhos da política brasileira são satirizados no artigo "De tabu a totem: bundas" pela criação de pequeno relato de cunho histórico-antropológico.

Fechando a coletânea, algumas das características do contemporâneo, como seu caráter tecnológico, seu modelo neoliberal, suas estratégias de controle, são retomadas para discutir o que é o humano hoje. Para tanto, os processos de dessubjetivação são analisados segundo autores como Morin, Lyotard, Perniola e Guattari, com a proposta de novos paradigmas.

*Nízia Villaça*
Novembro de 1999

# O IMAGINÁRIO DA TÉCNICA E A SEMIOLOGIA CORPORAL

As metamorfoses e a desestabilização sofridas pela representação do corpo face às novas tecnologias terão como referências o imaginário da oralidade e as técnicas do texto impresso e do eletrônico, considerando a circulação dos saberes, as formas de sociabilidade e relações de poder.

Tal conexão será pensada através da narração de alguns acontecimentos, no trajeto do que vem sendo chamado de escritura, enquanto economia, que, a partir, sobretudo, dos séculos XVII e XVIII, articula a linguagem, seu estatuto e pretensões, com a distribuição dos lugares do saber e do poder, aí inserido o espaço atribuído ao corpo. A invenção da imprensa, com a disseminação do livro e tantas outras descobertas da era moderna serão determinantes de uma revolução do imaginário humano, provocando novos processos de subjetivação, que, através dos séculos, irão se construir e desconstruir num jogo de controle e descontrole de si mesmo e do outro.

Se por um lado as descobertas na era moderna propiciaram o acesso ao desconhecido, simultaneamente criaram as demarcações do corpo selvagem, do insólito, do exótico em contraposição a um espaço antropológico centrado no homem branco europeu. Desde sempre a representação do corpo foi eminentemente política, seja em bases naturalistas, seja em bases culturalistas.

Hoje, mais que nunca, tudo muda em velocidade crescente: as ciências e seus métodos, o modo de transformar as coisas; as técnicas e as novas relações sociais; a família; a escola, as nações e a política, numa desconstrução das hierarquias simbólicas. A questão é como habitar um mundo globalizado, tão diverso daquele que o antecedeu. Dissolvendo antigas fronteiras, o mundo virtual da comunicação conquista sempre mais espaço e as páginas do antigo atlas da geografia prolongam-se em redes que fazem pouco dos rios, das barreiras alfandegárias, dos obstáculos naturais ou históricos, criando discursos sobre a desterritorialização e a perda das referências corporais. Michel Serres[1] lembra oportunamente que, por ocasião das grandes transformações de nossa história ocidental, surgem os narradores que tecem as visões do mundo que marcaram a cultura de cada época. É desnecessário dizer que, nos diversos momentos, uns autores mais que outros teriam esta arte de acoplar o moderno ao antigo, fazendo-nos poder sentir não apenas desenraizados, mas em processo de identificação. A hermenêutica do corpo passa por tais narrativas.

O caminho percorrido do texto impresso ao eletrônico suscita certamente um mundo de fabulações sobre a questão corporal. É na dinamização deste espaço "entre" que vai justamente se dar a circulação dos saberes e as relações de poder, implicando uma reflexão sobre a articulação entre o conhecido e o desconhecido que existe desde a aurora da humanidade. Como ainda acentua Michel Serres, as mais inusitadas descobertas se ancoram em hábitos milenares que não havíamos percebido. Narrativas e intermediações vão estabelecer as pontes entre o passado e o novo, concebendo novas visões da matéria corporal no processo de subjetivação, reconceituando corpo, carne e imagem[2].

Hoje as redes de comunicação explicitam os espaços virtuais outrora deixados aos sonhos e às representações: mundo em construção onde, deslocalizados, nos localizamos como nossos antepassados o fizeram diante de outras inovações propiciadas pela técnica. Os mecanismos do hipertexto eletrônico e suas interfaces sem dúvida alguma multiplicam em muito os efeitos de virtualização e as conexões possíveis entre os imaginários, criando uma dimensão de inteligência coletiva que revoluciona mais uma vez as noções de espaço e tempo, os processos de subjetivação e as relações de poder entre os indivíduos. Instala-se a discussão sobre a presença ou ausência do corpo e o confronto homem/máquina.

Através de algumas "metáforas" tentarei descrever trajetórias que narram a captura da oralidade pela escrita, as peripécias desta última entre o campo das representações e seus avatares eletrônicos nas dife-

---

1 SERRES, Michel. *Atlas*. Paris: Champs/Flammarion, 1994.

2 A questão da representação corporal na arte é bastante significativa dos cruzamentos entre ideais naturais e culturais. Sobre o assunto ver MIRZSDEFF, Nicholas. *Bodyscape*: Art Modernity and the Ideal Figure, London: Routledge, 1995.

rentes formas de representar o corpo enquanto presença expressiva (imaginário da oralidade), matéria a ser moldada (imaginário escritural) ou virtualidades propiciadoras de novas experiências singulares.

Jogando mitos contra mitos lançarei mão de três narrativas para falar do imaginário escritural enquanto saber/poder e suas peripécias. O mito de Robinson Crusoé, o mito de Babel e o mito de Frankenstein. Considerando em cada caso a dupla face ou seu avesso, o recurso a estas simbólicas pretende recobrir um trajeto epistemológico e conceitual onde o imaginário corporal sofre profundas transformações.

## 1- Uma economia escritural

A modernidade vai substituir a fala divina que, ao final da Idade Média, já começava a ser deslocada e não mais ouvida, na distância instalada entre as palavras e as coisas. Quando as correspondências deixam de ecoar, a prática da escritura assume valor mítico, organizando os domínios, fazendo a história. Cessa a prosa do mundo de que fala Foucault[3], cessam as correspondências por semelhança. A escrita, a partir daí, vai tornar-se uma questão de representação. Até o século XVI e início do XVII, como bem afirma Michel de Certeau, o texto sagrado é uma voz, ensina o "querer dizer de Deus", exigindo escuta e recepção. A modernidade vai se inventar no luto desta voz. A identidade depende agora de uma produção interminável que essa perda torna necessária. Mede-se o ser pelo fazer. Ao referir-me ao valor mítico da escritura, tomo mito como articulação simbólica das práticas sociais, como a tarefa de criar sentido, de produzir o corpo social como texto. Discurso que age sobre as práticas heterogêneas de uma sociedade e as articula simbolicamente.

Com a narrativa de Crusoé, refiro-me à atividade muito bem delineada por Certeau e que diz respeito à disseminação do livro com a descoberta da imprensa: sobre uma página em branco erguer um texto que tem poder sobre a exterioridade. Estrategicamente separado desta última, o texto a ela retorna no desejo de transformação[4]. É neste lugar que o sujeito se instala na produção da escrita enquanto ordenação e controle. A ameaça a esta "estratégia escritural" seria sinalizada

---

[3] FOUCAULT, Michel. *As palavras e as coisas*. 7ª ed. São Paulo: Martins Fontes, 1995.

[4] CERTEAU, Michel de. *A invenção do quotidiano*: artes de fazer. Trad. Ephraim Ferreira Alves. Petrópolis, RJ: Vozes, 1994.

pelas pegadas do personagem Sexta-feira, simbolizando a abertura de toda representação apesar dos esforços em direção aos efeitos de normalização e imposição de um real. Crusoé terá que nomear o desconhecido para submetê-lo. Tomo o termo "estratégia" na trilha de Certeau como o cálculo das relações de forças que se torna possível a partir do momento em que um sujeito do querer e do poder é isolável de um ambiente. Há então a postulação de uma demarcação do espaço próprio capaz de gerir as relações com o distinto. Assim se constroem os discursos da nacionalidade, do econômico ou do científico sobretudo a partir do Renascimento, com o grande desenvolvimento de novas técnicas e o encontro com outras civilizações. O espaço escritural vai também modelar os corpos e disciplíná-los. Trata-se não mais de ler os segredos de uma ordem ou de um Autor escondido, mas de produzir uma ordem para increvê-la no corpo de uma sociedade selvagem ou depravada.

A imprensa representa essa articulação do texto no corpo mediante a escritura. "A ordem pensada – o texto concebido – se produz em corpos – os livros – que a repetem, formando calçamentos e caminhos, redes de racionalidade através da incoerência do universo[5]". As "Constituições" se multiplicam do século XVIII ao XIX, dando ao texto o estatuto de ser aplicável aos corpos públicos e privados.

Através do modelo contido no texto, a escritura, enquanto instrumento, transforma a matéria, ou seja, a carne, em corpo. Os instrumentos se multiplicam e diversificam na medida das resistências do corpo a (con) formar e a necessidade de penetrar em seu labirinto. O imaginário de Robinson Crusoé possui, pois, na sua constituição, uma dupla face manifesta pelo controle e pela resistência.

Segundo Certeau, o movimento de desconfiança da era escriturística passou por um desejo de recuperação da voz, "efeito de corpo na língua". A instituição dos aparelhos escriturísticos da "disciplina" moderna indissolúvel da reprodução possibilitada pela imprensa foi acompanhada pela crença num isolamento: do povo (em relação à burguesia) e da voz (em relação à escrita). Daí a ilusão de que longe dos poderes econômicos e administrativos o povo falaria.

[5] Idem, ibidem, p. 237.

Para o autor, entretanto, o povo, a voz e o corpo estão desde sempre mediados por discursos e se insinuam na tarefa de uma economia escriturística. Nega as oposições metafísicas, escritura/oralidade, língua/palavra, ou qualquer valor anterior a diferença. O plural, como também assinala Derrida, é originário. Ao esforço de Crusoé contraponteia o espaço de Babel e, ao pensamento crítico, as incertezas. Ao corpo enquanto presença e estabilidade, os fluxos de intensidades.

O mito de Babel representa a perda da economia escritural, a desconstrução do poder escriturístico. Neste exato momento, para Jacques Rancière[6], se constitui a literatura como o modo do discurso que se estabelece, quando a recusa da mentira pura e simples da mímese poética com sua pseudo transitividade leva à discussão sobre a verdade ou falsidade da escrita. Com esta definição do literário, marcamos a passagem de um discurso ordenador encenado no mito de Robinson Crusoé, pretensamente transparente, criador de identidades, à afirmação do mito da escrita babélica, a que atualiza permanentes devires e encontros rizomáticos pondo em crise os modelos espirituais e corporais.

O mito de Babel fala da desconfiança do poder dos homens e de suas linguagens, suspeita já anunciada na narrativa bíblica. Disseram uns para os outros: "vinde façamos ladrilhos e cozamo-los no fogo (...), vinde façamos para nós uma cidade e uma torre cujo cume chega até o céu e façamos célebre o nosso nome antes que nos espalhemos por toda a terra[7]". Segundo a narrativa bíblica, o Senhor contemplou aqueles homens, refletiu sobre os desígnios do projeto (eis aqui um povo que não tem senão uma mesma linguagem) e decidiu instalar a confusão entre as línguas, impedindo o exercício do poder despótico. O texto literário, sobretudo a partir da segunda metade do século XIX, é emblemático desta abertura e desconstrução, é uma positivação de Babel, um exercício de virtualização que Lévy bem denomina virtualização da virtualização[8].

O discurso escrito, nos diversos ramos da produção do saber, oscilará entre o mito de *Robinson Crusoé* de estabelecer sentido e

---

[6] RANCIÈRE, Jacques. *Políticas da escrita.* Rio de Janeiro: Ed. 34, 1995, p. 13.

[7] BÍBLIA SAGRADA: Antigo e Novo Testamento. Gênesis 11. Rio de Janeiro: Vida, 1996, p. 7.

[8] LÉVY, Pierre. *Novas tecnologias da inteligência.* Rio de Janeiro: Ed. 34, 1993, p. 28.

verdades, e a positivação de heterogêneses na ordem de uma dessubjetivação *babélica*.

O que acontece é que, na seqüência temporal, a representação e seu poder entram em crise e rompe-se a diferença entre o texto e o mundo, o texto e o corpo, diferença que era indispensável para a administração do mesmo. O verismo lidava com o aparente, teatro de um verossímel. Depois de Zola, vêm Jarry, Roussel, Duchamp etc., ou seja, as ficções teóricas do outro impossível e da escritura entregue a seus próprios mecanismos, o que repercutirá em re-inscrições corporais.

> *"Acham-se agora comprometidas as peças-mestras da escritura conquistadora de Defoé: a página em branco é agora apenas um vidro onde a representação é atraída por aquilo que excluía; o texto escrito, fechado em si mesmo, perde o referente que o autorizava"9.*

## 2- A crise do humanismo e a multiplicação das intensidades corporais.

Se o imaginário da escrita funcionou para muitos autores como demarcação de um mundo privado de Deus, como escritura linear, instrumento de controle dos corpos, no reino do literário, sobretudo a partir do final do século XIX assiste-se a uma progressiva desconstrução da economia escriturística. O *Livre* de Mallarmé, inconcluso, antecipa de forma sugestiva a produção eletrônica em rede, uma máquina poética que fizesse proliferar poemas inumeráveis (...) um gerador de textos, impulsionado por um movimento próprio, no qual palavras e frases pudessem emergir, aglutinar-se, combinar-se em arranjos precisos, para depois desfazer-se, atomizar-se, em busca de novas combinações[10].

Com o apelo à metáfora do Frankenstein, aludimos ao fato de que o texto eletrônico, no complexo informático/comunicacional, participa de um imaginário maquínico que, visto a partir de um horizonte do corpo enquanto dado natural, é considerado agente de desumanização, robotização, controle tecnológico.

---

[9] CERTEAU, Michel de. op cit., p. 246.

[10] MACHADO, Arlindo. *Máquina e imaginário.* São Paulo: EDUSP, 1996, p. 165.

A técnica teria deixado de ser instrumental para tornar-se instrumentadora? A relação corpo/texto se modifica para assumir outra dimensão com a era eletrônica.

Na verdade, no trajeto que tentamos descrever, o corpo perde em objetividade, estabilidade, normatividade e as sensações são valorizadas no processo de subjetivação. O corpo deixa de ser apenas o lugar onde se instala a consciência como núcleo do humanismo. Instala-se a pergunta sobre um tempo pós-humanista se considerarmos que o humano era sinônimo, para a filosofia humanista, de um representante abstrato universal, lugar da voz e da visão fundadoras. O humano era, sobretudo, o possuidor de um sentido de ser como sujeito de suas próprias experiências. O humano do humanismo era, em última instância, a razão e a consciência. Nesse contexto, o corpo não oferecia grande interesse, enquanto substância orgânica, aparência, desejo ou paixão. Pelo contrário, era algo que, pertencendo à natureza, à exterioridade, sofria, assim, duplo e paradoxal distanciamento: ou era a natureza utópica intocável, ou a natureza incontrolável caótica e catastrófica. Essa questão do dado natural e do adquirido está no cerne dos desejos e das representações corporais da atualidade e a ameaça ao humanismo através de uma cultura de sensações é denunciada por Jurandir Freire Costa em recente pronunciamento sobre a efemeridade da cultura corporal e sua propensão ao narcisismo e ao individualismo. Segundo o autor, os ideais democráticos da Revolução Francesa, que defendiam os conceitos de liberdade, fraternidade e igualdade, ideais que uniam o coletivo estão sendo varridos para dar lugar ao individualismo de uma cultura de sensações[11].

Apesar de algumas visões apocalípticas, o corpo se multiplica, adquire dinâmica entre exterioridade e interioridade, força na própria ausência física, ganha um inconsciente. De estirpe deleuziana, Pierre Lévy[12] é o grande apologista do corpo virtual como a atualização temporária de um enorme hipercorpo híbrido, social e tecnobiológico. A visão do corpo, implícita nas declarações de Lévy, nada tem da concretude supostamente ameaçada nas versões de outros autores que vêem no virtual o avesso do real, e mesmo sua implosão, como em Baudrillard ou Virilio. A virtualidade se apresentaria como o movi-

[11] COSTA FREIRE, Jurandir. "Caderno B". In: *Jornal do Brasil*, 24 de janeiro de 1999, p. 1. Entrevista dada a Regina Zappe.

[12] LÉVY, Pierre. *Qu'Est-ce que Le Virtuel?* Paris: La Découvert, 1995, p. 31.

mento do tornar-se outro: heterogênese do humano, não se opondo ao real e pouco tendo a ver com o falso, o ilusório ou o imaginário. Trata-se de um modo muito fecundo e potente que estimula os processos de criação, abre devires, cava sentidos sob a platitude da presença física imediata.

A virtualização para Lévy não seria uma desencarnação, mas uma reinvenção do corpo, uma reencarnação, uma multiplicação, uma valorização. Importante é que, apesar de entusiasta dessas mutações, dessa exteriorização, dessas novas velocidades e novos espaços, o autor afirma que o limite não estará nunca definitivamente marcado entre a heterogênese e a alienação, entre a atualização e a reificação mercadológica, entre a virtualização e a amputação, entre a insularidade coletiva ou tecnodemocracia.

Os atuais movimentos de identificação e representação se dão paradoxalmente por meio da transmutação do corpo. Segundo Guattari, a subjetividade não se apresenta mais como coisa em si, ou essência imutável, mas depende de agenciamentos, ou seja, contém componentes heterogêneos, tanto de ordem biológica, quanto social, "maquínica", gnosiológica ou imaginária[13].

À medida que se altera o paradigma que orientou a racionalidade moderna, quando o corpo humano era considerado uma exterioridade a ser controlada, ele assume, lado a lado com as mais variadas instâncias pessoais, interpessoais ou coletivas, seu papel na produção da subjetividade. Um paradigma estético parece desenhar-se, no qual singulares devires e configurações inesperadas são produzidos e no qual o corpo surge como carne e imagem, matéria e espírito simultaneamente. Agencia o desejo através de seus órgãos mas estes podem, segundo José Gil[14], resultar de uma conexão dos órgãos corporais com outros elementos e dispositivos. O corpo desejante comporta todo o virtual do seu desejo, ultrapassando o corpo anatômico da medicina e o corpo fantasma da psicanálise, acentua ainda o autor na esteira de Deleuze. A idéia do corpo deleuzo/guattariana desfaz a unidade psicofísica clássica e a unidade somática do organismo, sendo profusamente virtual, inconsciente, propiciando devires não humanos, vege-

---

[13] GUATTARI, Félix. *Caosmose*: um novo paradigma estético. Trad. Ana Lúcia de Oliveira e Lúcia Cláudia Leão. Rio de Janeiro: Ed. 34, 1992, p. 157.
[14] GIL, José. *Metamorfoses do corpo*. Lisboa: Relógio D'Água, 1997, p. 184.

tais, minerais e não apenas virtuais. O corpo é poder de metamorfoses que desorganizam a unidade da consciência.

Nesta perspectiva, desconstroem-se os imaginários que foram sendo criados a propósito do corpo no contato direto da oralidade na textualização do livro impresso e na virtualização da era eletrônica. O texto eletrônico apenas explicita a interação complexa da corporalidade.

# CORPOS DE ARLEQUIM

> *"Tudo em mim é a tendência para ser a seguir outra coisa".*
>
> *Bernardo Soares.*

Já foi simples nomear o corpo. Acompanhado freqüentemente do possessivo MEU, ele trazia a estabilidade do começo, a concretude da antiga terra. Tal sugestão de referência tranquilizadora perde hoje sua transparência e obviedade na multiplicidade de discursos que se constroem em meio às condições de mutação oferecidas pela tecnociência, enquanto instituição avassaladora no seu viés empresarial. Pensar a corporeidade torna-se sempre mais complexo para este *sujeitobjeto* que oscila entre ideais de máximo controle, monitoramento, busca de perfeição e uma estética fora de padrões que tenta denunciar a objetivação maquínica do indivíduo, ironicamente tornado "dividido" por mecanismos de intervenção cultural.

Qualquer realidade viva não se nos apresenta, a não ser nas formas concretas e singulares de um corpo móvel, atraente ou não, reassegurador ou ameaçador. Viver, neste sentido, é assumir a condição carnal de um organismo cujas estruturas, funções e poderes nos dão acesso ao mundo, nos abrem à presença corporal do outro. Esta experiência não é unívoca: viver o corpo não é apenas afirmar sua força, mas reconhecer sua fraqueza, entre os prazeres do gesto afetivo e os sofrimentos da carne. Se nossos músculos experimentam a harmonia dos jogos ritmados da dança e da caminhada, nos submetem também à torturas de cãibras inoportunas. O corpo magnifica, desta forma, a vida e suas possibilidades infinitas, proclamando, ao mesmo tempo, nossa morte futura, e nossa finitude essencial.

O discurso do corpo não pode assim ser neutro, alterna duas faces: a prometeica e dinâmica do ávido desejo de prazer e a perspectiva trágica de sua fragilidade: Eros e Tanatos. Logicamente, os dois pontos de vista podem se encontrar numa mesma época, compondo uma visão tensional. A obra de Freud dá disso testemunho, ao reconhecer a dualidade fundamental constitutiva do homem, ou seja, as pulsões opostas de vida e de morte.

Configura-se hoje mais claramente um movimento pendular deste corpo construído na encruzilhada de discursos, instituições e corporeidade[15], entre natureza e cultura, indivíduo e coletividade, internalidade e exterioridade, privado e público, real e irreal. Instala-se uma busca de controle e sentido, na tentativa de contornar o imponderável e a incerteza, que provêm sempre mais das transformações por que passam as oposições acima referidas no contato com as revoluções advindas das novas tecnologias e seus desdobramentos nos diversos campos do saber.

As narrativas que balizavam a consciência do corpo se confundem e misturam, os imaginários dos corpos entram em colisão entre ordens que buscam esquemas classificatórios ou discriminatórios e aquelas que acionam mecanismos de resistência aos discursos dominantes, fazendo o corpo pulsar movido pelo desejo. Neste momento de crise, o corpo deixa de funcionar enquanto dado de identidade fixa e natural, lugar de delimitação e referência estável, para assumir, paradoxalmente, a expressão da identificação pela mutação e pela "performance". As aparentes *diferenças*, procuradas como receitas de autoprodução, são vistas por Moacyr Scliar de forma contraditória. Segundo o médico e romancista gaúcho, o que está por trás das mensagens publicitárias de ênfase na criatividade é uma espécie de slogan esquizofrênico "seja diferente: seja igual"[16]. O que ele chama de totalitarismo democrático se dá por meio do consumo, que homogeneíza padrões estéticos de comportamento e de gosto, em oposição aos esquemas de aprisionamento, de tortura, censura e extermínio das ditaduras.

Arthur W. Frank[17], em sua revisão analítica da sociologia do corpo, pergunta se o desenvolvimento da sociologia não teria sido

---

[15] FRANK, Arthur W. "For a sociology of the body: an analytical review". In: FEATHERSTONE, M.; HEPWORTH, M. and TURNER, Bryan S. (eds). *The body*: social process cultural theory. London: Sage Publications, 1993.

[16] SCLIAR, Moacyr. "Paraísos Artificiais". In: *Revista Veja*, nº. 21. São Paulo: Abril, 28 de maio de 1997.

[17] FRANK, Arthur W. op cit., p. 36.

diverso, se o livro clássico de George Herbert Mead[18] tivesse o título *Corpo "self" e sociedade* em vez de *Mente "self" e sociedade*, se Durkheim tivesse analisado o suicídio da perspectiva do ato corporal de tornar um corpo vivo em morto, ou se Weber tivesse privilegiado mudanças dos usos e costumes relativamente ao corpo, em vez de ter formulado o nexo entre Protestantismo e capitalismo?

Por razões que não desenvolveremos aqui, a sociologia clássica não privilegiou os estudos sobre o corpo, preferindo enfocar questões econômicas e de classe. Por outro lado, a antropologia, no contexto do colonialismo europeu, se dedicou por diversos motivos a buscar no corpo um universalismo, uma ontologia que atravessasse as diferenças entre as diversas etnias, procurando determinar que grau de providências sociais e culturais era necessário para a sobrevivência humana e sua reprodução. Uma outra questão privilegiada pela antropologia foi determinar o ponto de disjunção entre natureza e cultura, ou seja, responder à pergunta: o que é o homem? As respostas foram variadas, mas a corrente mais importante se situa na discussão em torno da existência do tabu e no fato de que o comportamento humano social será mais determinado pelas *regulações culturais* que pelos instintos. Daí uma tradição filosófica que estabeleceu uma série de contradições entre o corpo e a alma, gratificações instintuais e regulações sociais, sexualidade e civilização.

A reflexão sobre a questão corporal, seu controle e representação, através de mecanismos de abstração, de funcionalização ou de insignificação, cresce hoje em importância. O corpo parece insistir com seu próprio discurso contra os filósofos da linhagem platônico/cartesiana e insiste contra todos os discursos de normalização provenientes do campo médico, jurídico, artístico etc. Esta insistência adquire contornos violentos em numerosas manifestações contemporâneas. É a expressão da carne e seus estados de putrefação, deformações e decomposições, que se constata na obra de numerosos artistas, como acentua John Pultz[19] numa insurreição contra o movimento da representação corporal idealizada e seus efeitos ilusionistas.

A recente valorização da questão corporal, como lugar de observação privilegiado, problematiza o discurso moderno instrumenta-

---

[18] MEAD, George Herbert. *Mind Self and Society*. Chicago: University of Chicago Press, 1970.
[19] PULTZ, John & MONDENARD, Anne. *Le corps photographié*. Paris: Flammarion, 1995.

lizante do corpo produtor a serviço do capital, e vem, então, em resposta ao silêncio corporal imposto pelas injunções da sociedade cristã que glorificava uma estética da alma e não do corpo.

O que mudou? Primeiramente, o aparato moral do capitalismo burguês. Sua condenação dos prazeres sexuais, como bem ressalta Bryan S. Turner[20], vem enfraquecendo consideravelmente. Também a erosão do capitalismo competitivo, baseado na força do trabalho disciplinado, aliado ao crescimento da indústria de serviços, de certa maneira, modifica a estrutura da classe trabalhadora, enfatizando, como estilo de vida, o consumo e o lazer.

As conseqüências do pós-industrialismo e do pós-fordismo são, portanto, importantes no sentido de embaralhar as noções do controle instintual via estratégias disciplinares e a correlata oposição a tal comportamento que seguia paralela no período Moderno.

À sociedade de produção segue-se a do consumo, onde a percepção do corpo é dominada pela existência de uma vasta gama de imagens que propõem padrões de representação corporal. Como lembra Bourdieu[21] com seu conceito de "capital cultural", os sinais das disposições e esquemas classificatórios que revelam as origens e a trajetória de vida de uma pessoa manifestam-se também na forma do corpo, altura, peso, postura, andar, conduta, tom de voz, estilo de falar, senso de desembaraço ou desconforto em relação ao próprio corpo.

As imagens, os estilos de vida se multiplicam quase impedindo esquemas de codificação/decodificação. Mike Featherstone[22], no entanto, sublinha que não se trata propriamente de uma desordem, atribuída com freqüência ao pós-modernismo, mas de um "descontrole controlado" por um princípio integrador embutido mais profundamente. De qualquer forma, a cultura de consumo, mais que disciplinar, pela criação de necessidades e desejos, como pensam alguns autores, possibilita um maior número de opções. Em contraposição à designação da década de 50 como uma era de conformismo cinzento, uma

---

[20] TURNER, Bryan S. Recent developments in the theory of the body. In: FEATHERSTONE, M.; HEPWORTH, M. and TURNER, Bryan S. (eds). *The body*: social process cultural theory. London: Sage Publications, 1993, p. 47.

[21] BOURDIEU, Pierre. *Destinction*: a social critique of the judment os Taste. Cambridge: Harvard University Press, 1984.

[22] FEATHERSTONE, Mike. *Cultura de consumo e pós-modernismo*. Trad. Júlio Assis Simões. São Paulo: Stúdio Nobel, 1995, p. 119.

época de consumo de "massa", mudanças nas técnicas de produção, segmentação do mercado e demanda de consumo para uma série mais ampla, são aspectos que dão lugar ao cultivo de estilos sempre mais singulares em que a aparência corporal produz uma "estilização de si" no momento em que os "eus verdadeiros" estão em crise.

A centralidade do corpo é também patente nas discussões entre os "intermediários culturais", que vão buscar, em pensadores como Nietzsche e seus epígonos, argumentos a favor da expressão corporal. A intenção de Nietzsche, trazendo o corpo para o centro do debate estético, era justamente condenar a classe média alemã caracterizada pela conformidade, fraqueza e puritanismo no período que se segue à revolução francesa, olhando para os gregos como modelos de virtude, educação, liberdade e controle.

Nietzsche mostrou que a experiência estética tinha mais em comum com o êxtase sexual, com a ruptura religiosa ou o frenesi da dança primitiva do que com a contemplação individualista da obra-de-arte de forma desinteressada e racional. A resposta *sensual e erótica do corpo* valia mais que o *neutro inquérito da mente* e constituía assim o centro da experiência artística. No nascimento da tragédia, ele mostra que os valores gregos foram originalmente produtos da intoxicação dionisíaca mais do que da especulação racional. As duas principais instituições do mundo grego – jogos competitivos e certames, retóricas de engajamento político na polis – se baseavam na violência interpessoal. Portanto, Nietzsche concluía que a raça alemã era decadente devido à *sublimação da sexualidade* e *da violência*.

Há muitas disputas sobre a função filosófica das referências nietzschianas à biologia e à fisiologia. O que é certo é que a crítica nietzschiana da racionalidade socrática dizia respeito ao obscurecimento da emoção e do sentimento na percepção da realidade. A arte seria um meio de recuperar, reascender o sentido de "êxtase" que fora perdido pelo homem moderno *individualizado* e *disciplinado*, atacando principalmente as filosofias do não, sobretudo o socratismo e o Protestantismo.

O impacto da obra de Nietzsche na teoria social do ocidente só recentemente foi avaliada. Ela está presente na teoria da sexualidade e da neurose freudiana e mais evidentemente na obra de Heidegger, Foucault e Derrida. Também a preocupação de Weber era de que os valores do capitalismo como legado do protestantismo estavam produzindo homens dominados pela máquina, pela burocracia. Tais homens, na sua caracterologia, mantêm relação com o grupo que Nietzsche denominou como "condenadores do corpo": teólogos, filistinos, funcionários e nacionalistas. Em Foucault, há o tema paralelo de que a época moderna se inaugurou através de um regime de vigilância dos corpos. Tais técnicas, para alcançarem toda sua potência, exigiam a internatização do controle. O que Mike Featherstone sublinha na pós-modernidade faz eco de certa forma ao pensamento nietzschiano pela busca de um paradigma estético e pela "derrocada das hierarquias simbólicas"[23].

Na pós-modernidade, o drama prossegue em ruptura ou continuidade com as linhas mencionadas. Os teóricos contemporâneos se empenham em caminhos variados que optam pelos hinos aos avatares naturalistas, por versões neo-iluministas de controle, por movimentos libertários do corpo, seja enquanto organismo (linha nietzschiana), seja enquanto campo de forças (Deleuze). Opções pelo corpo hedonista e narcísico no contexto da cultura de consumo (Lipovetsky), delação das estratégias de controle nas suas mais diversas formas com propostas de micropolíticas defensivas (Foucault), reflexões sobre o corpo do consumo de viés neomarxista (Featherstone, Canclini), versões das novas apropriações do corpo alienado pelo consumo (Eagleton) ou tiradas apocalípticas sobre o fim da corporeidade na simulação total (Baudrillard).

É sintomático o interesse que vem disputando a moda, sobretudo a partir dos anos 80, em campos como a sociologia e a psicanálise. A propósito, Mauro Dias[24] chama atenção para o aspecto simbólico da roupa como linguagem (miticamente instaurada na expulsão do paraíso e na assunção simultânea da vergonha, da roupa e do sexo) e para seu registro imaginário, oferecendo-nos a possibilidade de, na relação, nos constituirmos como outro.

Orlan, artista plástica performática, professora da Escola de Belas Artes de Dijon, França, vem desde 1990 submetendo-se a inúmeras cirurgias plásticas através das quais declara criar um lugar de debate público sobre o estatuto do corpo na sociedade contemporânea. Suas performances, realizadas frente a câmeras televisivas, representam um

---

[23] Idem, ibidem, p. 57.

[24] DIAS, Mauro Mendes. *Moda divina decadência*: ensaio psicanalítico. São Paulo: Hacker. Ed. CESPUC, 1997.

cruzamento de aspectos, médicos, estéticos, tecnológicos e éticos, numa redefinição do corpo. Carne, corpo e imagem formam um verdadeiro anel em busca de um sentido nunca alcançado.

Fenômenos mediáticos como a performática Madonna, o mutante Michael Jackson e outros mitos idolatrados na cena internacional e nacional são emblemáticos da importância do copo e de suas imagens, enquanto campo de experimentação, automodelagem e expressão.

O que se faz quando a razão está em crise? O que se faz quando julgamos a mente incapaz de guiar os atos individuais e o processo social? O que se faz quando julgamos todos os conceitos simples racionalizações? Viramo-nos para o corpo e seus interesses como caminho do ser e do tornar-se. Isto aconteceu na virada do século XIX, que produziu Nietzsche, Freud e Simmel, e ocorre agora no final do milênio que abriga a imaginação pós-moderna.

Quando fatores de organização das identidades sociais como nação, etnia e classe perdem crescentemente seu poder aglutinador, o corpo, suas expressões, envelopes e próteses propiciam análises mais singulares fora da ótica "macro" dos grandes sistemas classificatórios e uma nova ordem se processa.

Na era industrial, o corpo era manipulado enquanto instrumento da produção, lugar de disciplina e controle. Na sociedade pós-industrial, caracterizada pela difusão do saber e da informação, por uma tecnologia que ultrapassa a ciência e a máquina para tornar-se social e organizacional, repensa-se este controle. O corpo dominado é apenas o do trabalhador ou o novo espectro global de fluxos, redes e imagens é destinado a controlar sobretudo o cidadão consumidor através da produção incessante de serviços e desejos. O que se percebe é que uma leitura do corpo como construto narcísico/hedonista, disciplinado pelas regras da estetização geral da sociedade pós-industrial, pode incidir numa versão redutora do papel do corpo hoje. Por outro lado, movimentos de retorno a uma ordem ecológica "natural" parecem ingênuos. Como bem assinala Manuel Castells[25], numa perspectiva histórica mais ampla, a sociedade atual atinge um estado em que a

[25] CASTELLS, Manuel. "Les flux, les reseaux et les identités" où sont les sujets dans la societé informationnelle?" In: CASTELLS, Manuel et alli. *Penser le sujet*: autour d'Alain Touraine. Paris: Fayard, 1995. Sobre o assunto ver também GUATTARI, Félix. *As três ecologias*. Campinas: Papirus, 1990.

cultura não é impotente frente às forças da natureza como num primeiro momento, nem a domina numa lógica racional como se pretendeu em seguida. No estágio atual, a cultura se refere à cultura, a ponto de necessitar recriar a natureza, artificialmente, como forma cultural. Assim também, as medicinas alternativas, enquanto produto natural, se inscrevem na órbita utópica de busca de uma perfeição que desconsidera nossa real inserção no mundo.

Vivemos um tempo pós-humanista, se considerarmos que o humano era sinônimo, para a filosofia modernista, de um representante abstrato universal, lugar da voz e da visão fundadoras. O humano era, sobretudo, o possuidor de um sentido do ser como sujeito de suas próprias experiências. O humano do humanismo era, em última instância, a razão e a consciência. Neste contexto, o corpo não oferecia grande interesse, rebaixado enquanto substância orgânica, aparência, desejo ou paixão. Pelo contrário, era algo que, pertencendo à natureza, à exterioridade, sofria, assim, duplo e paradoxal distanciamento: ou era a natureza utópica intocável, ou a natureza incontrolável caótica e catastrófica. Esta questão do dado natural e do adquirido está portanto no cerne dos desejos e das representações corporais hoje.

O que parece acontecer é que as duas séries que organizaram o percurso da história do pensamento filosófico-científico perdem sua radicalidade opositiva. Os princípios da irregularidade, casualidade, caoticidade, irregularidade imperfeita dependem do fato de a descrição de um fenômeno, sua eventual interpretação e explicação derivarem do sistema de referência em que o inserimos. Não há, pois, ordens e referências necessárias. O que parece perfilar-se é a idéia da enunciação responsável, em que natureza e cultura, privado e público, real e irreal serão o lugar do corpo em mutações, em produções de singularidades, em imaginações monstruosas tão presentes na ficção científica quanto signos do irrepresentável, lugar da busca de perfeição através de cega disciplina ("body building"), lugar de dilaceramento, de lutas, de toda espécie de performances ("body art/body modification"). De qualquer forma, o corpo em cena, sem que haja qualquer possibilidade de predizer o futuro e seus limites que se tornam uma questão.

A paradoxal dinâmica bio-psicológica que é o homem foi ciclicamente esquecida em prol de uma visão esquizofrênica que privilegiava a mente, o sujeito como "res cogitans" em detrimento de sua encarnação. Daí a passagem de um processo de "expressão" a um processo de "representação", enquanto verdade conceitual, ponte que o sujeito lança sobre o objeto. Tal redução tem sua fonte ainda nos gregos, e atinge seu ápice na época das Luzes, quando a sensibilidade corpo/imagem/sentido mais que nunca ficará subordinada ao conhecimento. O positivismo, no século XIX, não fará senão acentuar este caminho destituindo de valor os campos da poesia, da infância, do jogo do divertimento, e reduzindo tudo à razão, à ciência.

O processo de valorização do corpo através dos tempos acompanha, de certa forma, a valorização da imagem de uma época (iconodulia) para outra (iconoclastia). Gilbert Durand[26] fala de uma iconoclastia endêmica que acometeu o ocidente em sua busca da verdade, de um absoluto sem rosto, diferentemente de outras civilizações do mundo marcadas pelas imagens e pelo politeísmo de valores (egípcios, chineses, América pré-colombiana, África negra, Polinésia). O ocidente, na busca de um sentido único, procurou anular a ameaça representada pela estética da imagem, pela valorização do corpo. Evidentemente houve sempre movimentos de resistência figurados, como a encarnação crística ou a iconodulia gótica, quando as catedrais e sua figuração de vitrais, estátuas e iluminuras suplantaram pouco a pouco a austeridade dos mosteiros isolados da cidade. A sensualidade e a espiritualidade barrocas também buscaram na multiplicação, em abismo das aparências, atingir, pelos sentidos, a profundidade da iluminação. Santa Tereza de Ávila, de Bernini, é um exemplo de figuração corporal levada a seus limites. Soror Juana Ines de la Cruz e Dom Quixote têm percursos semelhantes.

Lembramos ainda o Pré-Romantismo e o Romantismo, que privilegiaram os sentidos em pleno século das Luzes triunfantes. Esta estética nomeia o sexto sentido, além dos cinco que, classicamente, constituíam a percepção. O sexto sentido, enquanto faculdade de atingir o belo, seria uma terceira via de conhecimento ao lado da razão e da percepção usuais, privilegiando a intuição pela imagem e não a demonstração pela sintaxe. Nesta mesma linha de resistência ao racionalismo estaria o movimento simbolista, com a vidência do sentido e seu coroamento: o surrealismo.

---

[26] DURAND, Gilbert. *L'imaginaire*: essai sur les sciences et la philosophie de l'image. Paris: Hatier, 1994, p. 11.

O que assiste hoje, segundo Gilbert Durand[27], é um cruzamento paradoxal de duas linguagens: a racionalista, com seu viés tecnológico, e a explosão das imagens, que ele vê como um efeito perverso da ciência.

O hábito da alteração do corpo, comum a várias culturas, atinge hoje seu ápice, desestabilizando categorias tradicionais como homem/mulher, tornando o homem um ser mutante, um corpo virtual, e interferindo, até mesmo, na sua estrutura química, como lembra Lucien Sfez[28], referindo-se à nova utopia de recriar o Adão anterior à queda.

A releitura dos possíveis sentidos deste significante mais fluido, mutante e paradoxalmente mais presente (convém não esquecer seus desdobramentos virtuais) exige uma maior complexidade, uma transdisciplinaridade. É preciso evitar a postura unívoca de se colocar a favor ou contra a sociedade de consumo e suas simulações, a favor ou contra as mirabolantes fantasias difundidas pela técnica. Não se trata de ver apenas o corpo disciplinado, que permanece na obediência cega às regras do "look", no sacrifício ascético em prol da manutenção da juventude e da bela forma.

O corpo, com suas estratégias, não é apenas veículo de aparência enganosa, mas lugar de fascínio, sedução, criação de alianças, via pactos estéticos que celebram o prazer, a criatividade e o humor.

Nossa imagem do corpo resulta não somente de nossa experiência perceptivo-motora mas também, e sobretudo, de nossa sensibilidade sexual aguçada pelas flutuações de nossos desejos, prazeres e sonhos. Sabemos com efeito que nosso corpo, segundo Freud, é vivido desde a mais tenra infância, como pulsão sexual ou libido, diversificada, seja pela fonte de excitação, os orifícios corporais (boca, ânus, órgãos genitais), seja por seu objetivo (ver e controlar). Ora, como cada uma destas pulsões parciais se satisfazem independentemente, o corpo se apresenta como um mosaico de zonas erógenas, segundo imagem de Gilles Deleuze[29], uma roupa de arlequim.

Vale a pena lembrar aqui José Gil[30], quando fala dos movimentos que se dão na fronteira entre o devir-si-próprio e o devir-outro: "o sujeito só se transforma em si próprio quando atinge o domínio

---

[27] Idem, ibidem, p. 20.

[28] SFEZ, Lucien. *La sainté parfaite*. Paris: Seuil, 1995.

[29] DELEUZE, Gilles. *La logique du sens*. Paris: Minuit, 1969, p. 229.

[30] GIL, José. *Fernando Pessoa ou a metafísica das sensações*. Lisboa: Relógio d'Água, s/d.

máximo (na expressão, quer dizer, como veremos, num estilo) dos modos de sentir dos outros". Descrevendo os vários níveis das sensações da "Ode Marítima" de Fernando Pessoa, afirma o autor que, inicialmente, temos uma oscilação entre o pólo objetivo e o pólo subjetivo das sensações, seguindo-se uma duplicação da consciência na distância entre estes dois pólos. A partir de determinado momento, finalmente, deixa de haver, de um lado, a multiplicidade das paisagens marítimas vistas de perto ou de longe, e do outro, emoções que procuram maneiras de sentir; deixa de haver um exterior separado do interior. É o terceiro momento em que se forma o plano da consistência. Doravante, o movimento das coisas (dos piratas, dos gritos e de todos os órgãos) se identifica com o movimento das emoções. É como se as personagens, seres, navios, gruas, cais e corsários viajassem em vibrações e intensidades sobre o corpo exposto do poeta. O eu esvazia-se e transforma-se em potência de transformação na superfície do corpo, na pele. O eu transforma-se em singularidade e o corpo transforma-se em superfície intensiva, deslocando os órgãos (não intensivos) do corpo comum. O importante e o que nos interessa no trabalho de Gil, apoiado em Deleuze e Guattari, é a possibilidade da reconfiguração do estatuto do corpo enquanto singularidade como fluxo e multiplicidade e, portanto, desvinculado da unidade do eu. A singularidade se dá, justamente, no limiar da heteronímia e do devir-outro e é, em seu vetor centrífugo, na dissolução do eu e de suas figuras (psicológicas, sociais, morais, filosóficas) que se constitui na relação enquanto si próprio.

Para se sentir puramente si-próprio cada ente tem que sentir-se todos os outros e Fernando Pessoa vai fazer desta afirmação o ponto de partida para a diferença no interior de si-próprio como condição de possibilidade da relação com o outro e, portanto, do devir-outro[31].

O que advém de tais idéias para repensar o corpo é que elas relativizam, desestruturando, as noções de unicidade, organicidade, que organizavam o imaginário do corpo, emprestando-lhe uma dimensão de criação intensiva que permite uma leitura não nostálgica das mutações oferecidas nos mais diversos campos da vida contemporânea, possibilitando para além da disciplina e do controle, das identificações narcísicas, a criação de novas relações que, no limite, serão estéticas.

[31] PESSOA, Fernando. *Textos filosóficos*. Vol. I. Lisboa: Ática, 1968, pp. 36-38.

# INVASÃO E DESMATERIALIZAÇÃO NO ESPAÇO CONTEMPORÂNEO

*"Mais l'art et la poésie donneront toujours aux universaux une habitation locale et un nom".*

*George Steiner*

Li recentemente uma declaração que me despertou algumas reflexões: "suportar o outro é muito mais difícil, quando ele está próximo e visível do que quando ele está distante[32]". Em sua simplicidade e objetividade, tal afirmação remeteu-me a inúmeras questões ligadas à desmaterialização do mundo propiciada pelas novas tecnologias. Vivemos contemporaneamente um embate entre o local e o global, entre o concreto e o abstrato, cuja resolução, na maioria das vezes, vem sendo efetuada por processos que estimulam a mistura, a hibridação, a indiferenciação, o *glocal*, em suma. Em tal contexto, a palavra "invasão", usada sempre com maior parcimônia, parece reservada ao contato de corpos concretos que obrigatoriamente devem se cruzar, conviver, a territórios que ainda não fazem parte da nova geopolítica sem fronteiras, a às propriedades disputadas em espaços periféricos no sentido amplo que esta palavra possa ter. A própria invasão da privacidade torna-se problemática, pois o segundo termo do sintagma é uma questão em si mesmo, já que o público e o privado, há muito, perderam sua distinção no espaço intermediário das teletecnologias: televisão, correio eletrônico, internet etc. Apenas um ou outro desastre torna esta invasão visível, como, por exemplo, aquele de que resultou a morte de Diana. No mais, a invasão é coisa de hackers travessos.

A linha de concretude do conceito de invasão é bem ilustrada pela relação entre casais que sugestivamente se dá sempre mais no espaço da separação: camas separadas, quartos e banheiros separados,

[32] WOLTON, Dominique. "Sortir de la communication médiatiseé". In: Révolution dans la communication. *Manière de voir 46.* Le Monde diplomatique, juillet-août 1999.

separação de bens, respeito ao espaço/tempo de cada um. Anteriormente juntavam-se os bens, antes de assinar o contrato de união. Hoje separa-se tudo no momento do contrato para posteriormente haver união sem invasão.

Através de pequenos parênteses, referentes às delimitações espaciais do projeto moderno, à desmaterialização do mundo virtual e à estética do monstruoso, tentaremos lançar algumas pistas sobre a crise do imaginário da invasão: numa progressiva dessubstancialização do corpo, ele deixa de ser invadido pelo diferente, seja ele animal, mineral ou maquínico. Um processo geral de dessubjetivação e descorporifação a participar de um macro-organismo onde o caos é referência e os limites habilmente se desconstroem.

## 1- Espaço e Proxemia: ritualização do corpo

O espaço cartesiano, como régua (compasso ou fio de prumo) que demarcou o imaginário moderno, possuía o sutil dispositivo de se naturalizar como modelo de relações que iam do campo da distribuição urbanístico-arquitetônica à construção das distâncias sociais e visões de mundo. A partir do Renascimento, o espaço ótimo do perspectivismo, objetivando a nova percepção antropocêntrica do universo, havia buscado uma justa medida, fronteiras e planos que possibilitassem a distância e a manutenção da diferença frente ao desafio representado pela descoberta de outros povos e culturas. Como sublinha Cláudio Figueiredo[33], houve então um empenho em reforçar a demarcação do próprio e do alheio de forma que os gentios, os selvagens habitantes das longínquas terras descobertas não contaminassem o saber humanista-catequético dos descobridores e senhores. A demarcação desses territórios, ao fixar limites e manter as diferenças, funcionou de forma razoavelmente satisfatória até o início da Revolução Industrial que, trazendo em seu bojo a aceleração do tempo da produção, proporcionou mudanças rápidas na reconfiguração dos espaços sociais e políticos. A virada do século e as revoluções desestabilizadoras da nova física não fizeram senão confirmar e dar foros de ciência às turbulências espaciais, à perda dos limites e às tentativas de con-

---

[33] FIGUEIREDO, Cláudio. *A invenção do psicológico*: quatro séculos de subjetivação (1500 – 1900). São Paulo: escrita/educ., 1992, p. 40.

trole de que já nos falavam o *voyeur* Baudelaire e as disciplinadas avenidas de Haussman.

Daniel Bell[34] afirma que os vários movimentos que levaram o modernismo ao apogeu tiveram de elaborar uma nova concepção do espaço e do movimento. Ele sugere, além disso, que a organização do espaço se tornou o problema estético basal da cultura da metade do século XX, da mesma forma como o problema do tempo (em Bergson, Proust e Joyce) o foi das primeiras décadas deste século[35]. Na esteira de Jameson, David Harvey atribuiu a mudança pós-moderna a uma crise de nossa experiência do espaço e do tempo, crise na qual categorias espaciais vêm dominar as temporais, ao mesmo tempo em que sofrem uma mutação de tal ordem que não conseguimos acompanhar devido a equipamento perceptual já viciado.

Na seqüência da aceleração tecnológica, grande vitoriosa na *débâcle* das utopias que caracterizaram o pós-guerra, o espaço e seu imaginário de concretude e realidade são desrealizados, seja no que diz respeito ao nacional, desconstruído nos processos de globalização, seja em outros tipos de construções ideológicas, étnicas e de classe, dependentes da determinação de um território. Ao que assistimos hoje, responde uma necessidade de redemarcação, sobretudo após a abertura ampla e irrestrita que marcou sobretudo os anos 80, com a derrubada do Muro de Berlim e a desagregação dos grandes Estados.

A velocidade das transformações contemporâneas faz com que cada vez mais o espaço não seja visto como algo de exterior ao sujeito, seu cenário, coisa extensa, passando a elemento constitutivo de sua estruturação. As leituras sobre o assunto, nos diversos campos do saber, vão dos apocalípticos espaços desertificados pelo progresso, dos espaços artificiais, ao apelo às cidades referenciais com histórias e memórias bem construídas. Nos interstícios dessas duas posições extremas, ambas com radicalismos de sabor nostálgico, a representação do espaço vai perdendo sua concretude. A geografia espacial perde estabilidade e passa a ser visivelmente elemento co-estruturante da subjetividade contemporânea nas diversas fases da crise por que pas-

---

[34] BELL, Daniel. *The cultural contradictions of capitalism.* New York: Basics Books, 1978, pp. 103-119.

[35] Apud HARVEY, David. *A condição pós-moderna*: uma pesquisa sobre as origens da mudança cultural. São Paulo: Loyola, 1989, p. 233.

sa: da desertificação do "eu", engolido pelas simulações da cena americana, aos investimentos inesperados em espaços aparentemente sem significação, como afirma Pierre Sansot em *Les Gens du Peu*[36].

Na literatura, por exemplo, perde-se a visão realista, própria do século passado, cuja função era caracterizar tempos, confirmar classes e posições sociais. Também não há o cenário romântico, reduplicando os humores das personagens e afirmando a identidade exuberante do solo pátrio, ou mesmo o espaço do modernismo, mais preocupado com a visão política da afirmação nacional. Não mais o espaço representando "uma ideologia homogeneizante generalizadora, produtora de totalidade: espaço como o outro do sujeito, sua cor local ou o mesmo do sujeito, seu duplo"[37]. Ainda que um sentido objetivo de espaço permita nossas percepções do dia-a-dia, este espaço material vivido vem permeado de muitas outras impressões, por vezes não conscientes, que implicam cruzamentos dos espaços percebidos e dos espaços imaginados.

Segundo Harvey[38], estariam aí envolvidos fatores ligados às medidas sociais, psicológicas e físicas da distância, mapeamentos, movimento de atração e repulsão, hierarquias, sentidos familiares ou de estranhamento, utopias e novos discursos artísticos e arquitetônicos com suas resultantes no campo da semiose. A variedade das percepções espaciais com suas implicações pode ser constatada pelas diferentes visões pertencentes a indivíduos ou povos habitantes de meios físicos diversos. As concepções de espaço, como também de tempo, obedecem a uma genealogia dependente da reprodução da vida social, no jogo entre poder e criação, dominação e apropriação.

Michel de Certeau[39] trata os espaços sociais como instâncias mais abertas à criatividade e à ação do homem. O andar, sugere ele, define um espaço de enunciação. Aliás, o autor estabelece uma distinção entre espaço e lugar. O lugar é a ordem (seja qual for) segundo a qual se distribuem elementos nas relações de coexistência, excluindo a possibilidade de duas coisas ocuparem o mesmo local. É o domínio do

---

[36] SANSOT, Pierre. *Les Gens du Peu*. Paris: Puf, 1991, p. 11.

[37] VILLAÇA, Nízia. *Paradoxos do pós-moderno*: Sujeito & Ficção. Rio de Janeiro: UFRJ, 1996, p. 193.

[38] HARVEY, David. op cit., p. 198.

[39] CERTEAU, Michel de. *A invenção do cotidiano*: artes de fazer. Trad. Ephraim Ferreira Alves. Petrópolis, Rio de Janeiro: Vozes, 1994, p. 204.

próprio, do estável. O espaço está para o lugar como a palavra para a língua. O espaço é o lugar praticado. Assim, a rua geometricamente definida pelo urbanista é transformada em espaço pelos pedestres.

Merleau-Ponty já distinguia de um espaço geométrico (espacialidade homogênea e isotrópica, análoga ao "lugar" de Certeau) uma outra espacialidade denominada espaço antropológico, onde o espaço é existencial e a existência é espacial. Desse ponto de vista, existiriam tantos espaços quantas experiências espaciais distintas[40].

A importância do retorno dos contatos corporais é enfatizada por Richard Sennett, afirmando que uma cidade é construída por diferentes tipos de homens e que pessoas iguais não podem fazê-la existir. Em seu livro *Carne e pedra*[41], Sennet estabelece, a partir da Grécia clássica, relações entre o espaço e as representações do corpo na ciência, na cultura e nas interações sociais. Discordando de Foucault sobre a perene relação de poder, propõe um maior contato e solidariedade entre corpos comunicativos.

O arquiteto Paul Virilio, a propósito das novas tecnologias e do mundo globalizado, salienta a perda da inscrição espacial do corpo. Observa o autor que a questão da corporeidade que nos *toca* a todos abrange três corpos: o corpo territorial do planeta e da ecologia, o corpo social e, enfim, o corpo animal ou humano. Daí a necessidade de nos situarmos em relação ao próprio corpo, em relação ao outro – a questão do próximo e da alteridade – e, finalmente, em relação ao mundo. O corpo próprio é "aqui e agora *hic et nunc* ele é *in situ*"[42]. O problema da realidade virtual, na opinião do autor, é negar o aqui em proveito do agora. Ao contrário de autores que positivam as "extensões corporais" proporcionadas pelas novas tecnologias por meio de uma leitura do corpo como intensidade e energia[43], Paul Virilio afirma:

---

[40] MERLEAU-PONTY, Maurice. *Phénomenologie de la perception*. Paris: Gallimard, 1976. pp. 324 - 344.

[41] SENNET, Richard. *Carne e pedra*. Trad. Marcos Aarão Reis. Rio de Janeiro/São Paulo: Record, 1997, p. 241.

[42] VIRILIO, Paul. *Cybermonde*, la politique du pire. Paris: Textuel. 1996, pp. 40-68.

[43] Sobre a relação corpo/novas tecnologias consultar: LÉVY, Pierre. *A inteligência coletiva*: por uma antropologia do ciberespaço. São Paulo: Loyola, 1998; *Qu'Est-ce que Le Virtuel?* Paris: La Découvert, 1995; *As tecnologias da inteligência*: o futuro do pensamento na era da informática. Rio de Janeiro: Ed. 34, 1995; *A Máquina Universo*: criação, cognição e cultura informática. Lisboa: Piaget, 1995. D'AMARAL, Márcio Tavares (org.). *Contemporaneidade e Novas Tecnologias*. Rio de Janeiro: Sette Letras/UFRJ, 1996. PEN-

> *"as mediações tecnológicas provocando a telepresença tentam nos fazer perder definitivamente o próprio corpo em proveito do amor desmesurado pelo corpo virtual (...). Há uma ameaça considerável de perda do outro, de declínio da presença física em proveito de uma presença imaterial e fantasmática"*[44].

## 2- Contatos e Contratos

A medicina e a biologia perderam o monopólio do objeto corpo em proveito das ciências humanas que o revelam trabalhado pelo inconsciente, a sexualidade, a linguagem, atravessado pelo imaginário, pelo fantasmático e também construído pelo social, como produto de valores e crenças culturais.

Cada sociedade, diz Claude Rivière[45], privilegia regras e rituais de interação, maneiras de gerir o corpo. Segundo o autor, o aprendizado da linguagem reduziu a utilidade da gestualidade animal ritualizada. De qualquer forma, o corpo como presença ordena significações outras que a da linguagem falada. Os corpos são objetos marcados pelas normas culturais e a leitura de suas articulações, de sua maior ou menor proximidade, possibilita a compreensão da organização social.

Os ritos conjurariam pela familiaridade dos signos o que há de ameaçador no nosso próprio corpo. As sociedades ocidentais nas relações interpessoais escolheram a distância e, entre os cinco sentidos, privilegiaram o olhar, relegando o olfato, o toque, a escuta e o gosto. Na vida corrente, o lugar do corpo como carne é o do silêncio, da discrição, do apagamento e do escamoteamento. Muitas regras de proxemia podem ser interpretadas como ritos de evitamento. Não se deve tocar o outro, salvo em casos previamente codificados (aperto de mão, abraço); não se deve mostrar o corpo nu, salvo no médico ou na praia. É necessário regular os contatos físicos, conservando, mesmo em lugares como o metrô em horas de muita procura, uma distância entre os rostos, olhares e corpos. Assim, o homem ocidental tenta apagar o corpo o máximo possível. Na vida corrente, a ritualização procura

---

ROSE, Roger. *A Mente Virtual.* Lisboa: Gradiva, 1997. ROSNAY, Joël de. *Homem Simbiótico*: perspectivas para o terceiro milênio. Petrópolis, Rio de Janeiro: vozes, 1997.

44 VIRILIO, Paul. op cit., p. 45. Trad. Nízia Villaça.

45 RIVIÈRE, Claude. *Rites profanes.* Paris: Presses Universitaires de France, 1995, p. 141.

executar essa tarefa e canalizar as emoções que ameaçariam constantemente o equilíbrio.

Não apenas a distância ou a contenção das emoções está em jogo. A desobediência à regra da discrição pode ser também manifestada por um mau hálito, um odor desagradável, um vocabulário relaxado, que questionam as fronteiras da tolerância entre os interlocutores. Em situações de proximidade (ônibus, sala de espera, elevador), o escamoteamento do corpo aumenta e o olhar se ausenta para evitar constrangimentos. Quando tocamos inadvertidamente um desconhecido, as desculpas metabolizam a transgressão do interdito. Terrivelmente embaraçante é o corpo do *handicapé* ou do louco que faz alarde daquilo que se procura apagar. Mesmo os ritos fortes da vida (luto, nascimento, doença) integram a emoção num campo simbólico delimitado, evitando manifestações excessivas. Em certos casos, o embaraço da situação é aliviado ritualmente pela indiferença, pelo humor que dissipa a vergonha ou pelo riso que alivia o abuso. Muitas vezes a quebra dos limites da etiqueta, seu desrespeito, quer ritualizar a tomada do poder simbólico por uma das partes. Mesmo a mitologia da liberação recente do corpo não modificou radicalmente os ritos de interação. Na vida corrente permanece o hábito de manter o corpo no claro/escuro da presença ausente, salvo em ocasiões especiais como manifestações esportivas e festas de um modo geral. São sobretudo as manifestações artísticas contemporâneas que vão questionar as regras de proxemia e comportamento corporal, estimular novos contatos, novas posturas e uma nova liberdade, de inspiração natural, selvagem e até infantil. A reabilitação das técnicas circenses, a busca de coreografias inovadoras, a insistência do disforme dão prova disso.

## 3- Apropriações Espaciais

São as diversas formas e contextos que balizam o relacionamento entre os corpos, formas variáveis, segundo as culturas, e ritualizadas na obtenção de uma distância/proximidade adequada. Lembraríamos ainda, sobre a temática, a poética espacial de Gaston Bachelard[46], na qual o espaço mantém com o indivíduo uma relação espe-

---

[46] BACHELARD, Gaston. *Le poétique de l'espace.* Paris: Presses Universitaires de France, 1972.

cular, num eco romântico, ou a obra de Abraham Moles[47] sobre a percepção fenomenológica do espaço que, começando pelo invólucro pele, descreve o crescente sentimento de estranhamento quando se passa do seu próprio habitat para o quarteirão, para o bairro, para o centro da cidade, a megalópole e o mundo. É uma dinâmica de apropriação e de invenção contra a desterritorialização que Guattari propõe em *Caosmose*, no capítulo dedicado ao espaço e à corporeidade: "Tantos espaços quantos forem os modos de semiotização e de subjetivação"[48]. Para o autor, existe a cada instante da demarcação do aqui-agora um folheado sincrônico de espaços heterogêneos, desencadeados num tempo da memória, apontando para um caráter polifônico da subjetivação.

Pergunta o autor se o espaço construído possuiria um domínio unívoco e de mão única e responde que qualquer construção suscita um espaço de coisas possíveis que nos interpelam de diferentes pontos de vista: estilístico, histórico, funcional, afetivo... Como máquinas enunciadoras, elas produzem uma subjetivação parcial que se aglomera com outros agenciamentos de subjetivação. Assim, o alcance dos espaços construídos vai bem além de suas estruturas visíveis e funcionais. São máquinas de sentido, de sensação, que podem tanto trabalhar em direção de um esmagamento uniformizador, quanto no sentido da retomada de uma singularidade liberadora da subjetividade individual e coletiva. Propõe uma metabolização dos componentes heterogêneos que proliferam neste final de milênio informando os processos de subjetivação, de modo a atingir uma singularidade afetada pelos diversos agenciamentos[49].

Esses componentes de subjetividade social, maquínica e estética nos assediam literalmente por toda parte, desmembrando nossos referenciais, engajando nossos órgãos sensoriais, nossos fantasmas, nossas funções orgânicas num mundo tecnocientífico que cresce em descompasso com a programação arquitetural e urbanística.

Pensando na complexidade dos elementos de subjetivação implícitos na enunciação arquitetônica, Guattari chama atenção para a

---

[47] MOLES, Abraham A. & ROHMER, Elisabeth. *Psychologie de l'espace*. Belgique: Casterman, 1972.
[48] GUATTARI, Félix. *Caosmose*: um novo paradigma estético. Rio de Janeiro: Ed. 34, 1992, p. 153.
[49] Idem, ibidem, p. 97.

responsabilidade do arquiteto na opção por uma subjetividade padronizada ou por uma produção que contribua para uma reapropriação da subjetividade e ressingularização por parte dos grupos sujeitos.

## 4- Dissolvendo Concretudes

Como habitar um mundo globalizado, tão diverso daquele que o antecedeu. Dissolvendo antigas fronteiras, afirma Serres[50], o mundo virtual da comunicação conquista sempre mais espaço e as páginas do antigo atlas de geografia se prolongam em redes que fazem pouco dos rios, das barreiras alfandegárias, dos obstáculos naturais ou históricos, criando discursos sobre a desterritorialização e a perda das referências.

As perguntas se sucedem sobre se a era do humanismo acabou, se assistimos ao nascimento de uma nova espécie, se o corpo tornou-se obsoleto a partir das intervenções maquínicas. O que a tecnologia ameaça? O que é o humano?

As reações diante do diálogo homem/máquina, e toda a parafernália conceitual das novas tecnologias ligadas à realidade virtual freqüentam a mídia e os meios acadêmicos, despertando os mais variados humores. Sérgio Augusto, em matéria recente, adjetiva a realidade virtual como nada virtuosa e, olhando o mundo que se aproxima da virada do milênio, afirma que não mereceu ainda um epíteto à altura de suas tendências dominantes. Ele declara que a década de 90 não foi a do cérebro, como classificou o *American Demographics* em 1993, ou a década da decência, segunda colocada no certame, nem a época dos *gays*, nem do pragmatismo, mas da realidade virtual. Afirma ainda o articulista: "a realidade virtual é a visão *junkie* da vida"[51], como o Big Mac é a versão *junkie* da comida e a pornografia, a do sexo.

É interessante conectar essa matéria, na qual o contato virtual é ridicularizado como "masturbação tecnológica – a mais radical resposta eletrônica ao impasse sartriano (o inferno são os outros)" –, com outra reportagem realizada com filósofos opinando sobre que pensadores seriam ainda aproveitados diante do virtual. Para Márcio Tavares d'Amaral, Sartre, por exemplo, saiu de moda porque acreditava num sujeito com consciência, que tomava decisões e determinava a

---

[50] SERRES, Michel. *Atlas*. Paris: Champs/Flammarion, 1994.

[51] AUGUSTO, Sérgio. "Segundo Caderno". In: *O Globo*, 31 de maio de 1997, p. 4.

história, enquanto na sociedade computacional a noção de sujeito é simplesmente fragmentada[52].

De estirpe deleuziana, Pierre Lévy[53] é o grande apologista do mundo virtual e corrobora as afirmações de Tavares d'Amaral a propósito da subjetividade e, notadamente, da corporeidade virtual. Para o autor, o corpo pessoal é a atualização temporária de um enorme hipercorpo híbrido, social e tecnobiológico. O corpo contemporâneo é comparado a uma chama, isolada e minúscula, ou intensificada pelo esporte, drogas, ou pelas redes de comunicação. Por vezes ele se mistura a outros corpos-chama que o afetam e transformam até que se separa do hipercorpo e se extingue.

A visão do corpo, implícita nessa declaração de Lévy, nada tem da concretude supostamente ameaçada nas versões de outros autores que vêem no virtual o avesso do real, e mesmo sua implosão, como em Baudrillard ou Virilio. A virtualidade se apresentaria como o movimento do tornar-se outro: heterogênese do humano. Para o autor, o virtual não se opõe ao real e pouco tem a ver com o falso, o ilusório ou o imaginário. Trata-se de um modo muito fecundo e potente que estimula os processos de criação, abre devires, cava sentidos sob a platitude da presença física imediata.

Segundo Lévy, quando a virtualidade invade as condutas sociais e privadas, é essencial antecipar os efeitos da tecnologia nas relações. O corpo virtual é por ele chamado de desmaterializado, enfatizando a possibilidade de habitarmos mundos fantásticos, ultrapassar limites. A relação com a máquina não é simplesmente de uso, mas interfere na psique. Ele compara a tela do computador com a cabine telefônica do super-homem. Um jornalista sem história ou glória nela entra para sair voando e vivendo aventuras fabulosas. O mundo virtual permite assumir diferentes papéis e identidades, exercitando a fantasia e se inserindo na tendência à mutação do contemporâneo.

Cada vez mais, há a preocupação de aproximar homem e máquina. Entretanto, a discussão sobre o imaginário tecnológico oscila: de um lado, verdadeiras obsessões, verificadas, por exemplo, na criação de inúmeros ídolos virtuais (como Lara Croft, mulher linda e ma-

---

[52] D'AMARAL, Márcio Tavares. "Caderno B". In: *Jornal do Brasil*, 15 de setembro de 1996, p. 15.

[53] LÉVY, Pierre. *Qu'Est-ce que Le Virtuel?*, Paris: La Découvert, 1995, p. 31.

lhada que briga com gorilas e jacarés), na adoção dos Tamagotchi (bichinhos virtuais domésticos); e no dispêndio de tempo "real" dedicado aos *chats*, na pesquisa dos *sites*. De outro lado, se constata que a mão-de-obra operária não está preparada para enfrentar os desafios do mundo digital. Há também a superespecialização dos rebeldes virtuais *(hackers)* que, no seu ódio ao politicamente correto, tornam-se experts no exercício de se intrometer no cyberespaço particular de terceiros, representando "a contra-cultura cibernética"[54].

Enquanto isso não acontece, ouvimos as palavras apocalípticas de Baudrillard, declarando a vivência atual de um duplo extermínio: do real e do virtual. Frente à "tela total", somos como a mosca batendo contra o vidro "sem compreender o que a separa do mundo"[55].

## 5- Um Coup de Dés

O mundo virtual desafia a filosofia, diz a manchete do jornal, e perguntamo-nos se este mundo virtual apenas não exponenciaria, de forma paradoxal, a incerteza com a qual a cada dia matemáticos, biologistas e cientistas aprendem a trabalhar numa verdadeira revolução cultural.

Certamente que os cientistas nunca ignoraram que suas certezas possuíam o tempo do valor de suas explicações. Se Ptolomeu estava errado, isto não impediu seu sistema de nos servir durante quase 1.500 anos. O erro, a dúvida puderam mesmo ser úteis, mas a incerteza foi muito combatida. O determinista Laplace escreveu um ensaio em 1793 utilizando o cálculo das probabilidades para controlar o incerto da natureza. Seu trabalho está na origem da utilização de estatísticas na ciência moderna, ou seja, buscar o certo no incerto. Boltzmann, em 1872, foi o primeiro a aplicar esse método na teoria da mecânica estatística, descrevendo um gás através de seu processo, sem que fosse preciso conhecer o comportamento individual de cada uma das moléculas por milímetro cúbico. Segundo o físico austríaco, havia certezas suficientes no incerto para enunciar leis com precisão. Introduz, assim, a incerteza probabilística de incidência quase nula.

---

[54] " Informática". In: *Jornal do Brasil*, 15 de setembro de 1997, p. 1.

[55] BAUDRILLARD, Jean. "A dupla exterminação". In: *Tela Total*: mito-ironias da era do virtual e da imagem. Porto Alegre: Sulina, 1997, p. 71.

O fim do século XIX vê os matemáticos e os cientistas em geral, triunfantes, próximos de realizar o velho sonho de Platão e Descartes: reduzir o real ao matemático, neutralizando a subjetividade. Mas tratava-se apenas de aparência. A verdade da geometria euclidiana vai ser ameaçada pela geometria hiperbólica de Dolatchevsky. A hipótese de Weierstrass sobre a curva sem tangentes golpeia a adequação das matemáticas para representar o mundo sensível, e o surgimento dos paradoxos da teoria dos conjuntos sabota o desejo de axiomatização. O golpe fatal é dado em 1926 por Heisenberg e o princípio da incerteza. A partir daí podia-se determinar precisamente seja a posição de uma partícula ou sua velocidade, mas não as duas. É o fim do sonho de Laplace. A comunidade dos físicos custou a se resignar. Einstein mesmo não quis crer que Deus jogava com dados.

Cinco anos mais tarde seria a vez dos matemáticos assistirem à ruína de suas ambições de uma formalização completa de sua disciplina: em 1931, Godel prova que existe em aritmética teoremas não demonstráveis.

Se Heisenberg atrelou o determinismo na escala microscópica, o formidável avanço do cálculo diferencial, no século XX, e o desenvolvimento da informática, a partir dos anos 50, criaram esperanças sobre o determinismo macroscópico. Mas, mesmo este tornou-se irrealizável, quando se descobriu o efeito *papillon* no âmbito da meteorologia, em 1961. Perturbações mínimas de um batimento de asa de borboleta podiam, em alguns dias, influenciar o surgimento de um ciclone.

A luta entre a ciência e o incerto prossegue com as teorias caóticas, fractais, mas o que nos interessa justamente é que a pesquisa contemporânea não só coabita com o incerto como o domestica e dele se utiliza de certa forma com métodos em que o acaso intervém.

Também os biologistas moleculares recorrem ao acaso e à necessidade (Monod) e as teorias da complexidade mostram a hibridização de desordem e ordem. A pesquisa coloca assim a seu serviço o tão afamado mundo virtual, como um jogo de dados que não abole o acaso, mas que aposta em novas possibilidades.

É cada vez maior a importância do reino virtual no que toca à reconstrução do corpo e ao seu controle. Um movimento de intervenções externas percorre espaços antes privados. A reprodução, a imunidade contra as doenças, a regulação das emoções, todas essas performances, classicamente privadas, tornam-se públicas, mutáveis e intercambiáveis. As possibilidades de alteração do corpo implicam o cruzamento de circuitos econômicos, institucionais e tecnocientíficos cujos desdobramentos são inimagináveis.

Lévy acentua a virtualização do corpo no momento da percepção (telefone, televisão, sistemas de telemanipulação), bem como no momento das projeções no mundo da ação e da imagem. A projeção da ação está obviamente ligada às máquinas, redes de transporte, circuitos de produção e transferência de energia etc. Se por meio de virtualizações de nossos órgãos temos a oportunidade de partilhar um maior número de sensações comuns, há também um desdobramento do corpo tangível num aqui e num lá. Essas questões, como outras ligadas a transplantes, próteses etc., serão alvo de incessantes transformações no que diz respeito às emoções, aos conceitos de real e irreal, de mineral e vivo, público e privado.

> *"Pela telepresença e pelos sistemas de comunicações, os corpos visíveis, audíveis e sensíveis se multiplicam e se dispersam para fora. Como no universo de Lucrécio, uma multidão de peles e espectros dermatóides emana de nosso corpo: os simulacros"*[56]

A virtualização para Lévy não seria uma desencarnação, mas uma reinvenção do corpo, uma reencarnação, uma multiplicação, uma valorização, uma heterogênese. O importante é que, apesar de entusiasta dessas mutações, dessa exteriorização, dessas novas velocidades e novos espaços, o autor afirma que o limite não estará nunca definitivamente marcado entre a heterogênese e a alienação, entre a atualização e a reificação mercadológica, entre a virtualização e a amputação, entre a insularidade coletiva ou tecnodemocracia.

Se o imaginário da escrita funcionou para muitos autores como demarcação de um mundo privado de Deus com uma escritura linear enquanto produção, no reino do literário encontramos, sobretudo a partir do final do século XIX, a desconstrução desta economia escriturística. O *Livre* de Mallarmé, inconcluso, antecipa de forma sugestiva a produção eletrônica em rede, "uma máquina poética que fizesse proliferar poemas enumeráveis (...) um gerador de textos, impulsionado por um movimento próprio, no qual palavras e frases pudessem emergir,

---

[56] LÉVY, Pierre. op cit., p. 28.

aglutinar-se, combinar-se em arranjos precisos, para depois desfazer-se, atomizar-se, em busca de novas combinações"[57].

## 6- Corpos Pós Humanos e o Monstruoso

A pergunta a respeito do corpo fascina o imaginário contemporâneo na era da tecnologia, e cresce o interesse em definir as fronteiras do humano. Uma infinidade de programas de televisão, filmes sobre *cyborgs*, o desconhecido e alienígenas, prateleiras inteiras de literatura popular e acadêmica se multiplicam a respeito do assunto. A preocupação com os fronteiriços, as aberrações tornam-se sempre mais circenses. Mary Douglas, em *Purity and Danger*, sugere uma possível explicação para esse tipo de fenômeno na relação entre o corpo e a estrutura social. Para a autora, o corpo é um modelo que pode dar apoio à definição de qualquer sistema e seus limites podem representar fronteiras precárias ou ameaçadas. Nesse sentido, temos de estar preparados para entender o corpo como símbolo da sociedade e para ver nele reproduzidos, em uma escala menor, os perigos e poderes creditados à estrutura social[58].

Não há dúvida, diz Mary Douglas[59], que o corpo é utilizado como metáfora da sociedade como um todo. Isso significa que em tempos de crise social, quando as fronteiras nacionais e as identidades são ameaçadas, é comum haver preocupação com a manutenção dos limites corporais e a pureza dos corpos.

Segundo Virginia Eubanks[60], o período pós-moderno e cibernético da tecnologia das comunicações e da visualização em que vivemos torna permeáveis as fronteiras dos antigos sistemas e as margens de nossa cultura, resultando num grande interesse em definir os limites do corpo físico e do corpo social. Tal questão parece ligada diretamente à problemática do poder e suas margens. As mudanças trazidas pela tecnocracia abalam as relações binárias mente/corpo, cultura/corpo e cultura/natureza, exigindo, como aponta a autora, novas acomodações ou quebra das antigas categorias de identidade e alteridade.

---

[57] MACHADO, Arlindo. *Máquina e imaginário.* São Paulo: EDUSP. 1996, p. 165.
[58] DOUGLAS, Mary. *Purity and Danger.* Baltmore: Penguim, 1966, p. 138.
[59] Idem, ibidem, p. 136.
[60] EUBANKS, Virginia. "Zones of Dithers: Writing the Postmodern Body". In: *Body & Society.* v.2. nº.3. London: Sage Publications, 1996, pp. 73-88.

A civilização ocidental se desenvolveu a partir da dicotomia do mesmo e do diferente e, para lidar com a multiplicidade de culturas, procurou uma verdade transcendental que balizasse seus referentes, garantindo uma epistemologia fundada nos princípios de perfeição, estabilidade, permanência, unidade e racionalidade. Para Jean Pierre Vernant, a alteridade, nesse sentido, é condição de identidade. A partir de tal modelo, construiu-se um corpo ideal em oposição a um corpo monstruoso[61].

É notável a oscilação e a mudança que sofre esse paradigma quando se percorrem exemplos registrados ao longo da história.

Percebe-se que a desestruturação do *logos*, na tarefa de sustentar o sentido de um centro e sua autoridade contra as margens, se espelhou e se desdobrou no colapso do humano como categoria demarcada. Para a filosofia modernista, não interessava a substância corpórea como tal, mas a instância abstrata, lugar fundador do conhecimento. O corpo mesmo deveria ser transcendido, banido. O humano se confundia com o possuidor do sentido do *self*, como um sujeito contínuo com suas experiências. O colapso dessa visão humanista, que normalmente identificava o sujeito com o sexo masculino, nos tocou a todos, como bem acentua Margrit Shildrick[62], a propósito do lugar feminino visto, daquela ótica, como instância monstruosa. A autora, juntamente com Donna Haraway, celebra as promessas dos monstros como possibilidade de liberação do olhar discricionário das diferenças.

Normalmente entendido como algo de não-usual, algo que foge aos padrões naturais, a monstruosidade foi confrontada com a razão. Em *On Monsters and Marvels*[63], Ambroise Paré (1573) cita a imaginação, o sono da razão, como uma das causas da fascinação e temor provocados pelos monstros. Relacionado ao mesmo período, Luis Cláudio Figueiredo, sobre a dinâmica de subjetivação e dessubjetivação, salienta a vertente que no Renascimento temia o contágio das fronteiras devido ao encontro com novos povos, resultante das grandes descobertas[64]. O fato é que o estudo do monstruoso tem estado no

---

[61] VERNANT, Jean Pierre. *A morte nos olhos*. 2ª ed. Rio de Janeiro: Zahar, 1991, p. 31.
[62] SHILDRICK, Margrit. "Post-humanism and the monstruous body". In: *Body & Society*. v.2. nº.1, march 1996, pp. 01-15.
[63] PARÉ, Ambroise. *On Monsters and Marvels*. Chicago: University of Chicago Press, 1982.
[64] FIGUEIREDO, Luis Cláudio. op cit., p. 168.

centro das discussões contemporâneas, opondo a uma visão iluminista de pura razão a força desestabilizante do pensamento pós-estruturalista. Tal discussão poderá retroceder ao Ion, o rapsodo, e Sócrates. Platão colocou Ion e os rapsodos para fora da comunidade intelectual porque eles não teriam sistema ou substância.

A obra de Lucy Irigaray sobre o feminino se inspira no trabalho de Bakhtin e nos corpos da Idade Média para recuperar a relação entre o pensamento e o corpo sensível, já que as mulheres, na ordem patriarcal, foram consideradas incapazes de produzir pensamento verdadeiro[65].

Para Bakhtin, os corpos modernos são caracterizados por sua aparência acabada e diferem dos modelos rabelaisianos por terem se abstraído da relação direta com a vida social e o cosmo como um todo. Os corpos do Iluminismo assumiram uma mesma unidade, evitando os sinais de dualidade ou paradoxalidade: a morte separa-se do nascimento; a velhice, da juventude. Pelo contrário, os corpos de Rabelais se renovam e renascem porque os acontecimentos de sua esfera são desenvolvidos na fronteira que divide um corpo do outro.

> *"A morte no corpo grotesco não põe fim a nada de essencial, pois ela não diz respeito ao corpo procriador; aliás, ela renova-o nas gerações futuras. Os acontecimentos que o afetam se passam sempre nos limites de dois corpos, por assim dizer no seu ponto de interseção: um libera a sua morte, o outro o seu nascimento, estando fundidos (no caso extremo) numa imagem bicorporal"*[66].

Para o moderno, é o outro que precisa ser excluído para poder manter seus limites. O outro é o que ameaça pela sua diferença e deve ser nomeado como tal. É interessante sublinhar que o excesso de semelhança também é considerado perigoso, o que pode ser exemplificado pelo filme *Os gêmeos, mórbida semelhança*, de Cronenberg, tradição que já aparece em Aristóteles e suas leis de semelhança[67]. O importante é manter a separação. Para Shildrick[68], o interessante nos

---

[65] IRIGARAY, Lucy. *Speculum of the Other Woman.* New York: Cornell University Press, 1985, p. 54.

[66] BAKHTIN, Mikhail. *A cultura popular na Idade Média e no Renascimento*: o contexto de François Rabelais. Trad. Yara Frateschi. São Paulo: UCITEC; Brasília: Edunb, 1996, p. 281.

[67] Sobre a questão do mesmo ver BAUDRILLARD, Jean. *A Transparência do mal*: ensaio sobre os fenômenos extremos. Campinas: Papirus, 1990. Sobre o assunto ver: ROSSET, Clement. *Lógica do Pior.* Rio de Janeiro: Espaço e Tempo, 1989.

[68] SHILDRICK, Margrit. op cit., p. 8.

monstros é que eles se constituem como espectros do mesmo, enquanto alteridade sempre presente. Trata-se, como dizia Derrida, não só de *différence* mas *différance*[69].

Na modernidade, uma política de identidade e diferença garante as margens de segurança e de perigo. O diferente precisa ser colocado fora das fronteiras: negros, estrangeiros, animais, classes inferiores, doentes e mulheres. São corpos considerados ameaças à norma, significantes transgressores. Numa tradição datada pelo menos dos parâmetros pitagóricos, o corpo masculino foi associado ao limite e o feminino ao sem limite, evidenciado na gravidez, lactação, menstruação etc. As mulheres estavam fora de controle, imprevisíveis, vazadas: monstruosas.

Duas versões do monstruoso parecem conviver em maior ou menor grau na pré-modernidade e Renascimento: uma visão crítica, de fundo moral, e uma carnavalizante, na qual o comer é um prazer da carne. Cenas do comer grotesco aparecem na literatura cômica e dramática do Renascimento e do Barroco, sendo instâncias clássicas a obra de Rabelais, *Gargântua* e *Pantagruel*, e *Hanswurst*, do teatro popular.

O que se percebe na pós-modernidade é que um "ar do tempo" se delineia, no qual o imaginário do monstruoso assume importância crescente num momento de ameaça ao "humanismo". Com a etiqueta "neobarroco", Omar Calabrese se refere à atmosfera que abrange desde as teorias científicas (catástrofes, fractais, estruturas dissipativas, teorias do caos, teorias da complexidade e assim por diante) a certas formas da arte, da literatura, da filosofia e do consumo cultural[70]. É a perda da integridade, da globalidade, da ordenação, em troca da instabilidade, da polidimensionalidade, da mutabilidade. É por isso que uma teoria científica, que diz respeito a fenômenos de flutuação e turbulência, e um filme que concerne a mutantes de ficção científica são aparentados.

Com relação a esse imaginário que nos ronda, sempre mais disforme, as posturas e interpretações variam. Por um lado, a indústria cultural, sobretudo via ficção científica, busca vulgarizar uma estética do irrepresentável. Por outro lado, minorias, antes excluídas pelo imaginário racional, tentam se afirmar por meio da instabilidade e hibridi-

---

[69] DERRIDA, Jacques. *Positions*. London: Alhlone, 1981, p. 33.

[70] CALABRESE, Omar. *A idade neobarroca*. Lisboa: Ed. 70, 1987.

zação proporcionadas pelas novas tecnologias, ou apostar na teratologia como meio de positivar novas subjetividades (posturas tribais) ou ainda cultivar os espetáculos monstruosos num viés de ridicularização do simplório (programas de auditório como *Domingão do Faustão*, *Programa Silvio Santos*). O *freak show* (mediático) do momento é *Ratinho livre* que vem suscitando inúmeras discussões na imprensa pela pluralidade de interpretações.

O manifesto *Cyborg*, de Donna Haraway, na linha da exploração do monstruoso tecno, pretende construir um mito político, irônico, fiel ao *feminismo*, *socialismo* e *materialismo*, fiel como blasfêmia mais que como adoração ou identificação. A blasfêmia, segundo a autora, impede que sejamos arrastados por doutrinação moralista e a ironia não se resolve dialeticamente, já que elementos contraditórios são necessários: humor e seriedade. Ela vê no centro da fé irônica a imagem do *cyborg*, cibernético e híbrido, máquina e organismo, criatura ligada não só à realidade social como à ficção que muda a experiência feminina nas últimas décadas do século XX, com a possibilidade de eliminar a questão do gênero.

Segundo a autora, a ficção científica está povoada desses seres no limite do natural e do construído. A medicina moderna também é povoada de *cyborgs* com os acasalamentos entre organismos e máquinas. O sexo do *cyborg* restaura algumas das mais fascinantes réplicas barrocas dos fetos e dos invertebrados (interessantes profilaxias orgânicas contra o heterossexismo). A réplica dos *cyborgs* não se identifica com a reprodução orgânica. Como mapeamento ficcional de nossa realidade social e corporal, os *cyborgs* são uma fonte imaginativa que sugere algumas associações muito frutíferas. A biopolítica foucaultiana seria uma premonição flácida da política dos *cyborgs*, que Haraway considera um campo em expansão.

No final do século XX somos todos quimeras, híbridos, teorizados e fabricados como máquina e organismo, somos *cyborgs*. O *cyborg* é nossa ontologia, determina nossa política, imagem condensada de *imaginação* e realidade material interligadas para estruturar qualquer possibilidade de transformação histórica. Na tradição da política e da ciência ocidentais – do capitalismo racista comandado pelos homens, passando pela ideologia do progresso, pela apropriação da natureza para produção de cultura, pela reprodução do eu a partir dos reflexos do outro –, a relação entre organismo e máquina tem sido uma guerra de fronteiras.

O objetivo do ensaio de Haraway é, numa perspectiva não-naturalista e pós-moderna, imaginar utopicamente um mundo *sem gênero*, um universo *sem gênese* que pode ser um mundo *sem fim*. A encarnação do *cyborg* está fora da história da salvação. Caberá às mulheres usar o mito *cyborg* como arma de criatividade e não se deixarem aprisionar pela codificação tecnológica.

O *cyborg* não cai nas armadilhas do bissexual, simbiose pré-edipiana, trabalho não-alienado e outras tentações de integridade orgânica por meio de uma apropriação de todas as partes numa unidade final. Ele foge da história marxista ou psicanalítica do trabalho de dominação progressiva da mulher/natureza a partir de uma unidade original.

Ele não se define na oposição entre público e privado, mas numa polis tecnológica parcialmente baseada na revolução das relações sociais no *oikos*, a casa. Está em questão a formação da totalidade a partir de fragmentos, inclusive aqueles polarizados e de dominação hierárquica. Ao contrário de Frankenstein, o *cyborg* não espera que o pai o salve com um companheiro que o torne completo. Ele não sonha com a comunidade a partir do modelo da família orgânica.

O *cyborg* não reconheceria o paraíso, não é feito de barro e não pode sonhar com a volta ao pó. Filho ilegítimo do militarismo e do capitalismo patriarcal, para não mencionar o socialismo de Estado, ele é infiel às origens.

Três rupturas tornam possível uma análise político-ficcional ou político-científica.

Quanto à relação entre o *humano* e o *animal*, o sistema de dominações não funciona mais por meio da medicalização ou da normalização, mas por meio de um sistema de redes, reelaboração das comunicações e administração de tensões. A tática contra essa integração nas redes será então a de superpor natureza e cultura, promovendo uma estratégia *cyborg* monstruosa, ilegítima e singular.

Com relação ao animal humano e à máquina, a tecnologia abre novas concepções de máquina e organismo, antes considerados como textos *codificados*, por meio dos quais participávamos do jogo de escrever e ver o mundo. Hoje, as fronteiras se confundem entre natural e artificial, corpo e mente, autodesenvolvimento e projeto exterior e a visão *cyborg* pós-moderna discute a cultura primitiva do organismo biológico e dos fundamentos ontológicos da epistemologia "ocidental".

A propósito da dinâmica físico/não físico, o mito *cyborg* se refere a fronteiras violadas, fusões potentes, possibilidades perigosas que as pessoas progressistas poderiam explorar como parte do trabalho político necessário.

Uma das premissas é que grande parte dos socialistas americanos e das feministas vê dualismos profundos entre corpo e mente, animal e máquina, idealismo e materialismo nas práticas sociais. A necessidade de unificar pessoas que tentam resistir à intensificação global de dominação nunca se mostrou tão aguda. Para Haraway, uma guinada de perspectiva levemente perversa poderia tornar-nos capazes de clamar por outros significados, bem como por outras formas de poder e prazer em sociedades mediatizadas pela tecnologia.

O mito *cyborg* tem sua fase de dominação e abstração final, mas também pode ser olhado de forma diversa, sem medo do parentesco animal/máquina, humano/animalesco e físico/não físico, visão unilateral e ilusória.

O fato é que a desestabilização da ordem moderna está em curso e a estética monstruosa no campo das artes focaliza sempre mais os aspectos "baixos" e "monstruosos" do corpo, bem como a hibridização sexual e o obsceno a fim de provocar a desestruturação estética da burguesia. Tal postura pode, por exemplo, ser observada na ficção de Dalton Trevisan, quando desmonta os mitos pequeno-burgueses curitibanos pelo tratamento grotesco de viés negativo[71]. Também na dança são valorizados os movimentos corporais não consagrados pela coreografia clássica, privilegiando, inclusive, experimentos ligados ao cotidiano e ao desafio dos limites do corpo: Béjart, Pina Bausch, Débora Colker, Regina Miranda, Grupo Corpo e tantos outros grupos dos festivais contemporâneos. A imagem corporal, no teatro, disputa hoje com a hegemonia da palavra a preferência de diretores como, por exemplo, Moacyr Góes, Gabriel Villela, Denise Stocklos e Gerald Thomas, fazendo com que, freqüentemente, as fronteiras entre a cena dramatúrgica e a circense desapareçam por completo. Nas artes plásti-

[71] VILLAÇA, Nízia. *Cemitérios de mitos*. Rio de Janeiro: eds. Achiamé, 1983.

cas, sobretudo a *body art* é representativa dessa estratégia do monstruoso como indistinção de fronteiras na criação de um estilo corporal mais intenso.

Em meio à discussão entre humanismo e pós-humanismo, perguntamo-nos se a tão aludida valorização do corpo no rompimento de todos os seus limites o libera realmente ou se apenas vivemos tempos de hiperbolização das disciplinas foucaultianas, transformando-nos em pós-corpos[72].

Típico dessa monstruosidade é o cinema *Body Horror*, um gênero híbrido que recombina as convenções narrativas e cinematográficas da *science fiction*, horror e filme de suspense a fim de montar o espetáculo do corpo humano desfamiliarizado, tornado outro. *Body Horror* procura inspirar repulsa – e, a seu modo, prazer – por meio de representações de figuras quase humanas cujos efeitos/afetos são produzidos pela objeção, pela impossível incorporação do múltiplo entre as formas compatíveis. Tais corpos pós-humanos são entidades liminares, ocupando ambos os pólos da oposição humana e não humana. Tal procedimento atinge seu ápice com *Rábido* (1987), de David Cronenberg, e *Alien* (1979), de Ridley Scott.

Kelly Hurley registra textos que trabalham para confundir e exceder as categorias biológicas, sexuais e psíquicas, pelas quais, tradicionalmente, se construiu a identidade "humana"[73]. A coerência do corpo humano, por meio da qual a cultura foi processada, é pois ameaçada pela condição pós-humana e, com Kelly Hurley, perguntamos se a pertinência da nostalgia do si-mesmo e do outro, do normal e do *queer*, não é meramente o eco de uma batalha que já aconteceu. A autora nos convida ao engajamento nas configurações discursivas e corporais que deslocam o humano, o humanismo e as humanidades, já que a autoridade de tais representações nos custou o preço de tornar ininteligível muito do que, realmente, nos interessa. Não lhe interessa, propriamente, o "pós" do pós-humano no sentido de positivar algum desenvolvimento subseqüente, mas o seu colapso em "sub – inter –

---

[72] HALBERSTAM, Judith & LIVINGSTON, Ira. *Posthuman Bodies*. Indiana: Indiana University Press, 1984.

[73] HURLEY, Kelly. "Reading Like an Alien: Posthuman Identity in Ridley Scott's Alien and David Cronenberg's Rabid". In: *Posthuman Bodies*. U.S.A: Indiana University Press, 1995, p. 203.

infra – trans – pré – anti", num compromisso com o híbrido e com a multiplicidade.

Para Steven Shaviro[74], a auto-identidade é, em última instância, um sintoma de invasão parasítica, a expressão em mim de forças vindas de fora. Ao contrário, os corpos pós-humanos não são escravos das grandes narrativas, mas emergem em nós, onde corpos de discurso e discursos de corpos se enlaçam para impedir qualquer distinção fácil entre ator e palco, emissor e receptor, canal, código, mensagem e contexto. A corporificação pós-humana, ainda na linha de Haraway, não tem um lugar fixo num corpo reificado de mulher ou outro. Como módulos em campos, inflexões em orientações, a incorporação se dá como prótese significante.

O corpo pós-humano é causa e efeito das relações pós-modernas de poder e prazer, virtualidade e realidade, sexo e suas conseqüências. O corpo pós-humano é uma tecnologia, uma tela, uma imagem projetada; é um corpo sob o signo da Aids, um corpo contaminado, um *tecnobody* um *queer body*.

A desmaterialização do corpo pós-moderno, as desconformidades do apelo ao grotesco, as formas híbridas e protéticas do contemporâneo são, desta forma, manifestações da quebra dos limites da espacialidade corporal da modernidade e apelam para um repensar o imaginário da invasão em suas formas tecnovirtuais.

---

[74] SHAVIRO, Steven. "Two lessons from Burroughs". In: *Posthuman Bodies*. U.S.A: Indiana University Press, 1995, p. 38.

# MENOS CORPO, MAIS FETICHE?

*"O corpo e seu vestuário se prestam a todas as intrigas, sejam elas as do nascimento ou da morte".*

*Michele Hechter.*

## 1- Moda, proposta e prótese

O surgimento do fenômeno moda foi propiciado, numa visão genealógica, pelo cruzamento de fatores de ordem econômica, política, social e sexual num dado momento histórico. Seu desenvolvimento se deveu igualmente a agenciamentos desses e de outros fatores.

A velocidade da circulação das imagens hoje provoca discussões sobre a crise da representação, das crenças, dos projetos e dos fundamentos, e a valorização do corpo e seu modo de se apresentar na busca de uma identidade social neste momento de comunicação global. A moda surge como fator determinante de aceleração das imagens. Torna-se o veículo, por excelência, do prognóstico que Calvino[75] sugeriu para o próximo milênio: leveza, rapidez, exatidão, visibilidade, multiplicidade. Num incessante deslocamento de valores, esta capacidade de tudo transformar em objeto de consumo faz com que mercado e moda estejam sempre mais ligados.

Diante do enfraquecimento dos paradigmas que orientaram o projeto moderno de cunho essencialista, a moda se oferece, como arquivo e vitrine do ser/parecer, sugerindo comportamentos e atitudes, fabricando *"selfs"* performáticos por meio de sutis recriações dos conceitos de verdade, de bem e de belo.

Pensando a relação cultura, fetiche e moda apelarei para um quarto termo cujo estatuto vem sofrendo profundas modificações. Ora

[75] CALVINO, Ítalo. *Seis propostas para o próximo milênio.* São Paulo: Companhia das Letras, 1990.

o enobrecem fazendo-o participar dos processos de subjetivação pela libertação do vetor das sensações, dos desejos; ora o escravizam ou desconhecem com novas técnicas de controle, como bem acentuou Foucault[76]. A moda participa dos dois caminhos e ainda é capaz de criar outros.

Terry Eagleton[77], como bom neomarxista, desconfia das estratégias da moda e, a partir do registro do momento de estetização geral no contemporâneo, fala de uma apropriação desmesurada do campo econômico, que via estética, incluído aí moda e seus correlatos, lança seus tentáculos sobre os campos tornados autônomos do saber, da ética e da arte, conforme comentou Weber, a propósito da esfera da cultura. O saber se torna, então, retórica, a arte perde sua aura e estatuto, e a ética se transforma sobretudo em participação de campanhas promocionais.

Esse processo de desfiguração dos diversos campos é criticado por Eagleton, na aposta em um tempo em que essa cosmetologia será desmascarada. A estetização geral representaria para ele um processo de alienação, véu lançado pelo jogo do poder para manter a distinção das classes através das aparências. O sentido torna-se cativo das classificações e representações epidérmicas, daquilo que pejorativamente chamamos "modismos".

Esta estetização do quotidiano onde a moda, sem dúvida alguma, tem importante papel é discutida por autores das mais diferentes procedências. Baudrillard e Jameson, por exemplo, vêem, nesta transformação do quotidiano em imagens, a perda de sentido da história e a fragmentação temporal. Expressões como "liquefação dos signos e das mercadorias", "apagamento da fronteira entre o real e a imagem", "significantes flutuantes", "hiperrealidade", "cultura sem profundidade" etc, dão testemunho desta postura. Mike Featherstone[78] aponta dois outros sentidos para esta estetização: na esteira das vanguardas, ela contribui para dissolver as fronteiras entre vida e arte e ainda participa do projeto de transformar a vida humana numa obra-de-arte atra-

---

[76] FOUCAULT, Michel. *História da sexualidade I*: a vontade de saber; tradução de Maria Thereza da Costa Albuquerque e J. A. Guilhon Albuquerque. Rio de Janeiro: Edições Graal, 1985. 7ª edição.

[77] EAGLETON, Terry. *A ideologia da estética*. Rio de Janeiro: Zahar, 1993. p. 264-300.

[78] FEATHERSTONE, Mike. *Cultura de consumo e pós-modernismo*; tradução Julio Assis Simões. São Paulo: Studio Nobel, 1995.

vés das afetações pessoais e do gozo estético. O dândi Oscar Wilde seria o protótipo da segunda vertente.

Nesta linha de pensamento, central para Foucault, coloca-se o sociólogo Maffesoli[79] para quem, antes de ser sublimado ou rebaixado, o corpo e a beleza eram valorizados como elementos de criação, epifania da forma. É a coesão propiciada por essa espécie de materialismo espiritual que o autor diz estar sendo retomada na pós-modernidade pelas novas tribos que vão se substituindo ou se somando às classes já constituídas. Trata-se de um formismo, de uma miríade de imagens que atravessa o corpo social, uma dinâmica estética: o sentido em questão não é finalizado, ele se cria no presente, tem um lado trágico e se esgota no aparecer. O consumo dos bens simbólicos no contemporâneo serve de pólo de agregação para diversas tribos, representando um desdobramento consumista dos novos movimentos sociais.

Se, para Maffesoli, as formas e imagens participam da constituição de um corpo social tribal, Gilles Lipovetsky[80] vê a aparência, o império do efêmero e da moda como elementos de reforço do processo de personalização, numa linha de pensamento neoliberal no qual a técnica e o consumo acelerado propiciam a criação de uma subjetividade verdadeiramente transcultural. O indivíduo vai se apropriando de todas as performances a partir do hedonismo incentivado pelo sistema de produção do capitalismo tardio. Mais informação, mais poder, mais saber, mais prazer. Falando sobre os destinos da moda nas sociedades modernas, o autor lança um olhar sobre a história da moda, desdobrando-a em quatro fases: a aristocrática, a dos cem anos, a aberta e a consumada. Nesta seqüência, deduzimos uma relação íntima entre o alargamento do espaço da moda, o crescimento da produção e do consumo e seus corolários: publicidade, "design" e "marketing".

Cabe lembrar que as roupas, mesmo nas sociedades arcaicas, não são simplesmente funcionais. Elas constroem *"habitus"* pessoais que articulam relações entre o corpo particular e o seu meio, constituem formas de negociação que dependem de técnicas corporais e modos de auto-apresentação. O sistema do vestuário participa, ao lado

---

[79] MAFFESOLI, Michel. *Les Temps des Tribus*; le déclin de l'individualisme dans les sociétés de masse. Paris: Meridiens Klincksieck, 1988. p. 121.

[80] LIPOVETSKY, Gilles. *O império do efêmero*; a moda e seu destino nas sociedades modernas. São Paulo: Compnhia das Letras, 1991.

dos treinamentos propriamente corporais, da organização de um espaço social regido por proibições e transgressões mais ou menos definidas. Os corpos são modelados por meio de tecnologias de movimento ou constrangimento e as técnicas de modelamento do corpo, através do vestuário, constituem a primeira e mais visível forma denotativa de aculturação, expondo códigos de conduta e construindo uma cara, uma identidade, mais que marcando um corpo "natural" ou "real". Nesse sentido, a moda é uma tecnologia de civilidade, constituindo uma segunda natureza do corpo. Referindo-se à maquinária da representação, Certeau enumera os diversos instrumentos que fazem da carne um corpo. Deste ponto de vista, as roupas podem passar por instrumentos, graças aos quais uma lei social se assegura dos corpos e de seus membros, comandando-os, por mudanças de moda, como em manobras militares[81].

Parece importante frisar, no desenvolvimento da moda na sociedade Ocidental, a tensão existente, sobretudo, entre impulsos não estruturados e livres e os códigos estruturados e disciplinadores, criando uma dinâmica na declaração dos limites do *"habitus"* do corpo.

Na esteira de Jennifer Craik[82], mais do que considerar a moda na sociedade capitalista, no sentido de consumo do novo, é necessário pensar que o sistema da moda abriga outras formas de trocas simbólicas, como acentuam recentes trabalhos sobre o tema[83].

A moda ocidental está relacionada tanto com o capitalismo, com o consumo, quanto com a expressão de idéias, desejos e crenças em circulação na sociedade, numa dinâmica que, como tentaremos mostrar, envolve sempre mais um maior número de ingredientes, numa redefinição da moda: individualidade, moralidade judaico-cristã, identidade de gênero, imperialismo e multiculturalismo, sobretudo a partir dos anos 60[84]. É pensando na moda como discurso, como forma simbólica, que estabeleceremos algumas etapas por que passou, estabelecendo suas relações com

---

[81] CERTEAU, Michel de. *A invenção do cotidiano*: 1. artes de fazer; tradução de Ephraim Ferreira Alves. Petrópolis, RJ: Vozes, 1994. p. 240.

[82] CRAIK, Jennifer. *The face os fashion*. London: Routledge, 1994. p. 1-16.

[83] Ver sobre o assunto: ROBINSON, J. *The Golden age of style*. New York & London: Harcourt Brace Jovanovich, 1976 e LAVER, J. *Costume and fashion*; a concise history. London: Thames & Hudson, 1985.

[84] Ver: WILSON, E. "Fashion and the post-modern body". In: J. Ash and E. Wilson (eds.), *Chic Thrills*. London: Pandora Press. p. 3-16.

o corpo. Mais do que atribuir a moda ou ao corpo um sentido, a intenção é propor uma leitura que descreva algumas articulações entre o campo da moda e afirmações de identidade, classe, gênero, etnia etc.

Em que medida a moda, dentro da estetização geral, participa de um esquema de poder e dominação, e em que medida pode propiciar movimentos de diferenciação, pontos de fuga, renovação e invenção de um pensamento não enclausurado na consciência, na mente, no conhecimento? Em que medida ela valoriza a liberdade do corpo?

O que parece suceder hoje é a passagem da moda como *proposta*, tal como se insinuava nos anos de seu aparecimento, notadamente com a alta costura, até os anos 50, para a moda como prótese ou mais expressão corporal a partir dos anos 60. A anti-moda, o fora de moda, o tudo na moda com suas inspirações ecumênicas, parecem dar prova disto.

De proposta de indumentárias adequadas para as mais diversas ocasiões, o campo da moda sobretudo a partir dos anos 60 se transforma em fórum de debates sobre o comportamento na sociedade contemporânea e suas tendências e transformações.

Com a aceleração do capitalismo, o gigantismo do consumo e o avanço do neoliberalismo, há uma maior abertura e complexidade do fenômeno, transformado em referencial de suma importância para a afirmação individual e expressar o corpo que entra definitivamente em cena. A moda torna-se alvo de estudos sociológicos, culturais, merecendo sempre mais atenção devido à abrangência dos espaços que ocupa. Do público ao privado, do natural ao artificial, do real ao irreal, do local ao global, do humano ao inumano, ela parece tecer uma rede na qual todos são apanhados na discussão de gêneros, etnias e classes.

Um olhar sobre o campo da moda nos anos 60, 70, 80 e 90 dá depoimento da abrangência do fórum "fashion" como auto-expressão, como verdadeira prótese do corpo. Da metade do século XIX até finais de 50, a moda repousava ainda sobre uma organização a tal ponto estável que é legítimo falar de uma moda de Cem anos[85], primeira fase da moda moderna – seu momento heróico. A partir dos anos 60, os privilégios da alta costura são abalados: é a época dos "teenagers", das

---

[85] LIPOVETSKY, Gilles. *O império do efêmero*; a moda e seu destino nas sociedades modernas; tradução Maria Lúcia Machado. São Paulo: Companhia das Letras, 1989. p. 69.

metamorfoses do mercado, o desenvolvimento do "prêt-à-porter", da moda unissex e de todo imaginário de libertação. Nos anos 70 tem início a moda como espetáculo, com desfiles que procuram testemunhar a tomada de consciência político e social. Época do "flower power" que simboliza o movimento "hippie", época dos grandes festivais de rock. Com o "t-shirt", o consumo de massa pesa sobre a moda que não pode ser despótica ou monolítica. A moda se africaniza, se indianiza, fazendo a volta ao mundo com "djellabas" marroquinos, "kilts" escoceses, vestes chinesas, ponchos mexicanos ou peruanos.

Com seus ritmos rápidos e sincopados, a moda dos anos 80 se constrói na batida do rock, multiplicando linhas, temas, formas etc. Jean Paul Gautier poderia ser considerado um marco desse período. Trocando o Louvre pelo "Cirque D'Hiver", ele instala clima circense, recheado de efeitos bufões e com generosas alusões às causas das minorias, sejam elas os imigrados árabes ou africanos. Nada de perfeição para esse artesão de insolências com ternura pelos pequenos, homossexuais, gordos, velhos etc. O espaço da moda é a ágora da modernidade.

Os anos 80 marcam ainda a expansão, via mídia, da moda espetacular. Manifestações para grandes públicos são organizadas com festivais, certames, eventos grandiosos. As coleções tornam-se sempre mais o espelho da personalidade dos estilistas: sérias, bem-humoradas, andróginas, ligeiras e descontraídas, glamourosas, sexies, libertinas, esportivas e mesmo clássicas. É dessa época também a invasão dos ingleses Vivienne Westwood e Malcom Mac Laren na moda francesa e, sobretudo, dos japoneses Kawabuko e Yamamoto. À moda francesa, de corte impecável, e, no limite, cartesiana, eles opõem uma moda leve e desestruturada: o estilo "clochard" londrino ou o "look" pobre nipônico representam algumas das tendências.

Os anos 90 não fazem senão acelerar o processo de produção e circulação da moda, misturando influências, ampliando os espaços de intervenção, tornando cada vez mais complexo o mundo "fashion" como exemplifica o filme "Prêt-à-porter", de Robert Altmman, focalizando a fogueira das vaidades que aciona jornalistas, fotógrafos, consultores de moda, designers. Nessa dinamização deve ser enfatizada a influência do jornalismo de moda na televisão aberta e a cabo, sobretudo com os programas da GNT e CNN, bem como a divulgação de endereços "fashion" e lançamentos de coleções na Internet.

A rigor, é cada vez menos importante a pergunta sobre causa e efeito do processo, já que estamos definitivamente inseridos numa rede veloz que "curto-circuita" os sentidos. Poderíamos pensar que a subjetividade se dá agora na ativação de agenciamentos, somos aceleradores de partículas[86]. Poderíamos dizer hoje que a moda enquanto proposta e a moda como prótese convivem e se alternam, criando ainda um desdobramento na linha do fetiche.

## 2- Moda/fetiche

A moda como fetiche não corrige nem expressa o corpo, parece anulá-lo. Convém fazer distinção entre dois níveis do que se pode chamar moda/fetiche. Num primeiro nível, já há muito valorizado, o uso de espartilhos, botas, couros etc faz parte de uma valorização do corpo, ou pelo menos mantém com ele uma relação.

As opiniões de Valerie Steele[87] dão pistas para processar a relação moda, corpo e fetiche, neste primeiro viés. Especialista em moda como sistema simbólico, enquanto identidade de genêro, a autora reconhece a semelhança entre o submundo sadô e a moda contemporânea. Griffes como Azzedine Alaïa, Dolce & Gabbana, John Galliano, Jean-Paul Gautier, Thierry Mugler, Gianni Versace, Vivienne Westwood e outros há algum tempo copiaram e copiam o estilo e o espírito do fetichismo. É bem próprio da moda atual apropriar-se indiferentemente tanto dos signos leves (moda, corpo, objetos) quanto dos pesados (políticos, morais, econômicos, científicos). A apropriação do fetichismo evolui de acordo com as mudanças de atitudes em relação à expressão sexual, ao desvio e ao entendimento dos estilos eróticos perversos. Já em 1996, Edney Silvestre, correspondente do Jornal O Globo em Nova York, em matéria intitulada – Taras da moda ou moda dos tarados? – interrogava Valerie Steele sobre a liberação da vergonha vitoriana e a proliferação do arsenal fetichista. "Foi o movimento de liberação sexual dos anos 60 e 70 que provocou a reviravolta, obrigando a uma revisão dos chamados desvios" – responde a autora. Um

[86] Ver sobre a evolução dos anos 60 a 90 o livro *Em nome do corpo*, de autoria VILLAÇA, Nízia e GÓES, Fred. Rio de Janeiro: Rocco, 1998.
[87] STEELE, Valerie. *Fetiche*: moda, sexo & poder; tradução de Alexandre Abranches Jordão. Rio de Janeiro: Rocco, 1997.

símbolo claro foi a adoção das botas de cano alto, que identificavam as prostitutas[88].

No segundo nível do fetichismo parece ocorrer o extermínio do corpo, sua substituição na esteira das idéias de Baudrillard. É para falar deste nível que começamos com transcrições de matérias jornalísticas sobre o fenômeno Tiazinha que descaracterizam todo o universo do século XVIII quando os cerimoniais sadomasoquistas dos libertinos apoiavam-se numa ritualística de teor revolucionário e sexual. A propósito da obra de Sacher-masoch, no século XIX, Deleuze em prefácio *A Vênus das Peles*[89] acentua as relações do masoquismo, aí compreendido o fetiche, com a arte, com a manifestação progressiva do corpo, cuja interioridade, quando estimulada, se expressa na obra[90]. Todo este ritual parece dissolver-se no que chamaremos de segundo tempo sadomasoquista e sua versão canavalizante nos fetiches contemporâneos.

Matéria no jornal O Globo[91] afirma que uma linha de lingerie, meias, pirulitos, máscaras, tamancos e cadernos foi lançada no mercado com a chancela da estrela do Programa H. Tiazinha, diz o jornalista, empresta "seu fetiche" a produtos que devem movimentar cerca de R$ 30 milhões de reais em 1999. O corpo de Tiazinha é todo ele um fetiche, uma mercadoria, usada para venda de outras. A fetichização como mercantilização geral.

Outra reportagem sobre o "promissor mercado do sofrimento" manifesta o nivelamento superficial que se instala entre o velar e o desvelar: "escondendo o rosto e revelando peças típicas do sadomasoquismo – o chicote, a máscara e o espartilho – Suzana Alves[92] descortina o obscuro universo de fetiche que cerca o sadomasô[93]".

Paradoxalmente, Tiazinha, "a delicada sadomasoquista", a esta altura, ocupa um lugar no imaginário de nove entre dez adolescentes, reproduzida nos objetos infantis os mais diversos. Comenta Luis Fernando Veríssimo: "o Brasil conseguiu outra façanha inédita no mun-

---

88 SILVESTRE, Edney. In: Jornal O Globo, 2 de março de 1996. p.

89 DELEUZE, Gilles. *Apresentação de Sacher-Masoch*: o frio e o cruel. Com o texto integral de "A Vênus das peles"; tradução de Jorge Bastos. Rio de Janeiro: Livraria Taurus, 1983.

90 Ver José Gil. *Metamorfoses do corpo*. Lisboa: Relógio d'Água, 1997. p. 147-191.

91 Jornal O Globo, 2º Caderno, 14 de março de 1999. p. 1-2. H é o nome do Programa levado ao ar na TV Bandeirantes.

92 Nome e sobrenome da personagem Tiazinha.

93 Jornal do Brasil, Caderno Cidade, 21 de fevereiro de 1999. p. 25.

do: inventou o sadomasoquismo sem maldade[94]. Alude Veríssimo a traço da cultura brasileira que separa o símbolo ou talvez, melhor, o signo de seu referente, apontando para uma tendência fetichista de nossa cultura, ou seja, fazer circular significantes vazios de forma sacralizada.

O fetiche não mais valoriza partes do corpo com o corpete, o salto agulha, a lingerie, mas o substitui. A evolução do pensamento de Baudrillard ilumina o desenvolvimento do imaginário da moda e a passagem deste imaginário à forma fetiche. O autor, em *L'échange symbolique et la mort*[95], discute, inicialmente, a moda e sua relação com o corpo, numa perspectiva marxista, procurando desmascarar a economia política do signo e sua estratégia de sedução. Como bem assinalou Douglas Kellner[96], Baudrillard interpretou a moda como impeditiva da expressão do desejo, contrariamente às opiniões da grande maioria dos estudiosos. Interpretou o "design" como controle corporal: tudo pertencia ao "design", tudo dele brotava: o corpo era desenhado, a sexualidade era desenhada, bem como as relações políticas e sociais. A mudança buscada pela moda era na verdade mítica. Não havia ruptura, mas tempo cíclico. Mais do que ver na profusão de signos sexuais uma expressão da libido, ele os vê como sintoma do papel exercido pelo medo da castração, como forma de controlar esta ameaça: fetichismo e denegação[97].

Esta interpretação de Baudrillard da moda, de certa forma, ainda se referia ao corpo, discutindo seu controle e manipulação. Interessa-me sobretudo sua fase seguinte, quando aponta o fim da problemática do corpo, da sexualidade, da reprodução, da psicologia e da psicanálise. A idéia de fetiche, enquanto substituição do corpo, enquanto anulação e coisificação, corresponde ao pensamento de Baudrillard em sua última fase, quando se dissemina o controle das tecnologias "softs" e do "software" genético e mental.

Outras matérias jornalísticas confirmam esta hipótese do extermínio do corpo e do segundo nível da moda fetiche. Algumas cha-

---

[94] VERÍSSIMO, Luis Fernando. In: Jornal O Globo, 1º Caderno, 25 de fevereiro de 1999. p. 7.
[95] BAUDRILLARD, Jean. *L'échange symbolique et la mort*. Paris: Gallimard, 1976.
[96] KELLNER, Douglas. *From Marxism to Postmodernism and Beyond*. Califórnia: Stanford University Press, 1989. p. 99.
[97] Idem, ibidem. p. 99.

mam-me especialmente a atenção: "o corpo sumiu", afirma Heloisa Marra no jornal O Globo[98]. A matéria vem exatamente ao encontro da morte do corpo assinalada por Baudrillard. O corpo vira literalmente vítima da moda no agressivo trabalho realizado por fotógrafos estilistas, sob os mais diversos pretextos. Hugo Denizard, em pequeno artigo crítico da questão, comenta que a moda, talvez por sua amoralidade, saiba habilmente ironizar a fronteira entre o normal e o perverso e brincar com temas como a morte do corpo sem o peso habitual. De alguma forma o autor concorda com Baudrillard no sentido de que a moda, mais do que servir de complemento ao corpo, compete com ele: "a moda sempre viu o corpo como impecilho para a experimentação. Secretamente sempre lhe desejou a morte, a moda não quer vestir o corpo: ela quer criar um corpo que lhe sirva de complemento. Que corpo (de carne, plástico, madeira?) é o mais adequado para a moda[99]".

As reportagens se sucedem respondendo a esta pergunta. Matéria enviada de Paris leva a manchete "Chip-chic": clones no inverno dos internautas[100]. Modelos robotizados desfilam em clima de frieza total trazendo à tona o lado coisa do manequim. Ocimar Versolato apresenta linha "underweare" com manequins de longos e lisos cabelos imóveis sobre uma plataforma rotativa, confirmando a mesma inexpressão corporal[101]. Ainda uma outra manchete, "o bricabraque de fetiches do japonismo barroco", exemplifica mais um tipo de redução do corpo a suporte para objetos de consumo numa verdadeira febre cumulativa[102].

A seqüência de exemplos, em que a moda se fetichiza, substituindo o corpo, coisificando-o, remete-me aos comentários de Mário Perniola[103] sobre a experiência de dessubjetivação por que passamos na sociedade contemporânea, que ele define, mais do que como sociedade da imagem, como sociedade da coisa. O autor valoriza positivamente o estoicismo dessa coisificação que vem substituir o subjetivismo presente nas manifestações anteriores aos anos 80. Referindo-se

---

[98] MARRA, Heloisa. In: Jornal O Globo, Caderno Ela, 21 de novembro de 1998. p. 5.
[99] DENIZARD, Hugo. In: Jornal O Globo, Caderno Ela, 21 de novembro de 1998. p. 5.
[100] Jornal O Globo, Caderno Ela, 13 de março de 1999. p. 4.
[101] HARA, Hélio. In: Jornal O Globo, 2º Caderno, 10 de março de 1999. p. 3.
[102] MARRA, Heloisa. In: Jornal O Globo, Caderno Ela, 20 de março de 1999. p. 1-2.
[103] PERNIOLA, Mário. *Enigmas*; o momento egípcio da sociedade na arte. Tradução de Kátia Benedette. Venda Nova: Bertrand, 1999. p. 80-88.

à moda, diz ser impossível regressar à noção clássica da moda ou mesmo da anti-moda. A linguagem das aparências se autonomiza no "look", ensinando a ver o corpo humano não como "Leib" vitalista, portador de instância de saúde e vida, oposto ao cadáver por definição e por etimologia (de "Leben", viver), cheio de energia e de beleza, mas como "Korper" na sua afinidade com o uniforme[104].

Menos corpo, mais fetiche continuará uma tendência dominante? Ou o corpo determinará uma quarta etapa da moda e novos equilíbrios?

Perguntamo-nos se ainda podemos falar de fetiche quando a moda passa a valer por si mesma e não remete a qualquer outra relação seja com o corpo, seja com alguma transcendência num universo antropológico e religioso? Não seria a moda/fetiche em sua segunda fase a própria destruição do conceito de fetiche reduzido a um objeto insignificante?

---

[104] Idem p. 86.

# POR UMA CRONOPOLÍTICA: VELHICE E PROJETO

> *"... Se assustou com a suspeita tardia de que é a vida, mais que a morte, a que não tem limite."*
> *Gabriel Garcia Marquez*

> *"Um homem livre pensa em tudo menos na morte, e sua sabedoria é uma meditação não sobre a morte, mas sobre a vida."*
> *Baruch Spinoza, Ética.*

## 1- Genealogias Corporais

Pensar o corpo hoje é pensar suas performances, seus limites, numa visão que o contemple como um dos elementos constitutivos do amplo universo semiótico, no qual se produzem as subjetividades.

A questão tradicional de aceitar ou não o corpo recebido torna-se agora: como mudar o corpo e até que ponto? Os desenvolvimentos das ciências da vida oferecem a possibilidade ao sujeito moderno de modificar seu corpo tanto na aparência quanto nos elementos fundamentais de sua estrutura. A aceitação ou a recusa do corpo é uma possibilidade oferecida ao sujeito humano a partir do distanciamento obtido pela consciência de seu corpo, fruto da relação ontológica do sujeito consigo mesmo.

À medida que se altera a cultura que orientou a racionalidade moderna, quando o corpo humano era considerado uma exterioridade a ser controlada, ele assume, lado a lado às mais variadas instâncias pessoais, intra-pessoais ou coletivas, seu papel na produção da subjetividade. Um modelo estético parece desenhar-se, no qual singulares devires e configurações inesperadas são produzidos e no qual o corpo surge como carne e imagem, matéria e espírito simultaneamente.

Os anos 80 se caracterizaram pela discussão da crise do sujeito, progressivamente privado dos grandes relatos legitimadores que ainda assinalavam referências da verdade, do bem e do belo, balizados por um paradigma de perfil dicotômico e exclusivista a organizar o social. O final da referida década e o início dos anos 90, em meio a desconstruções de toda ordem, mergulham na destruição ou indistinção dos modelos, exemplificada pela queda do Muro de Berlim, pela dissolução da União Soviética, pelo questionamento dos padrões éticos, pelo processo de estetização geral e o seqüencial abalo do estatuto da criação artística, pelas turbulências e revoluções da nova física e da nova biologia e, finalmente, pela multiplicação de vozes que se configuram em reivindicações e radicalismos de caráter fundamentalista.

É nesse cenário que se estabelece uma nova ordem corporal da qual já não se pode falar de forma setorizada, mas dentro de uma visão antropológica global, que considere os múltiplos mitos que atravessam a contemporaneidade, as invenções que revolucionam o conhecimento.

Os atuais movimentos de identificação se dão paradoxalmente por meio da transmutação do corpo. A subjetividade não se apresenta mais como coisa em si, ou essência imutável, mas contém componentes heterogêneos, tanto de ordem biológica, quanto social, "maquínica", gnosiológica ou imaginária.

Os diferentes registros que concorrem para o engendramento da subjetividade não mantêm relações hierárquicas obrigatórias ou fixas. Nesse contexto, o corpo em mutação é o lugar onde a nova física e a nova biologia sintomatizam em movimentos e configurações caleidoscópicas, efetuando verdadeira revolução da representação.

Pensar a corporeidade torna-se hoje sempre mais complexo para este *sujeito/objeto* que oscila entre ideais de máximo controle, monitoramento, busca de perfeição e discursos fora dos padrões que tentam denunciar a objetivação maquínica do indivíduo, ironicamente tornado "dividido" por mecanismos de intervenção cultural.

O corpo não é neutro, alterna duas faces: a prometeica e dinâmica do ávido desejo de prazer e a perspectiva trágica de sua fragilidade. Para Michel Bernard[105], toda reflexão sobre o corpo implica numa ética e numa metafísica, e, de certa forma, poder-se-ia pensar a história da

[105] BERNARD, Michel. *Le corps*. Paris: Seuil, 1995.

filosofia a partir das diferentes maneiras de enfocar o corpo. É o que confirma Claude Bruaire[106], quando afirma que o olhar sobre o corpo é um olhar sobre o absoluto. Toda visão filosófica oscilaria, assim, entre uma denúncia do corpo como obstáculo, prisão e lugar de alienação e a exaltação do mesmo, como espaço de prazer, como meio de liberação individual e coletiva. Logicamente, os dois pontos de vista podem se encontrar numa mesma época, compondo uma visão tensional. A obra de Freud dá disso testemunho, ao reconhecer a dualidade fundamental constitutiva do homem, ou seja, as pulsões opostas de vida e de morte.

Configura-se hoje mais claramente um movimento pendular deste corpo construído na encruzilhada de discursos, instituições e corporeidade, entre natureza e cultura, indivíduo e coletividade, internalidade e exterioridade, privado e público, real e irreal[107]. Instala-se uma busca de controle e sentido, na tentativa de contornar o imponderável e a incerteza, que provêm das transformações por que passam as oposições acima referidas no contato com as revoluções advindas das novas tecnologias e seus desdobramentos nos diversos campos do saber.

## 2- A Caminho da Perfeição

Enfrentar a morte, olhá-la de frente é o grande desafio do homem; pensar a imortalidade, a perfeição e o divino, seu grande sonho.

Desde suas origens, o homem alimenta a morte de suas riquezas e de suas aspirações. A angústia da morte é, segundo Edgar Morin[108], progressiva-regressiva, já que conduz ao terror e simultaneamente a um "frisson", que é o melhor do homem. A tentativa de lidar com a morte foi objeto de religiões, filosofias e ficções, ora como triunfo da espécie sobre o indivíduo (Hegel), ora como exaltação do homem biológico e seu desejo no aqui e no agora (Nietzsche), ora como ênfase no espírito e na salvação numa outra vida (Cristianismo), ora como desprezo daquilo que não está ao alcance da prática do homem (Marx).

Jorge Luís Borges e Eça de Queirós foram dois escritores que trabalharam estas questões, seus limites e sua reversibilidade. No

[106] BRUAIRE, Claude. *Philosophie du corps*. Paris: Seuil, 1968.

[107] FRANK, Arthur W. "For a sociology of the body: an analytical review". In: FEATHERSTONE, M.; HEPWORTH, M. and TURNER, Bryan S. (eds). *The body*: social process cultural theory. London: Sage Publications, 1993, p. 36.

[108] MORIN, Edgar. *L'homme et la mort*. Paris: Seuil, 1970, p. 328.

conto "O imortal", de Borges, Joseph Cartaphilus de Esmirna, após longa viagem, chega à Cidade dos Imortais. A arquitetura do Palácio labiríntico era insensata com seus corredores sem saída, altas janelas inalcançáveis e portas que não levavam a lugar algum. No Palácio, construído por imortais para imortais, nada fazia sentido e tudo parecia apontar a inutilidade dos fins mortais que teriam sido buscados antes dos construtores atingirem a condição imortal. É com espanto que Joseph descobre os imortais como homens barbudos, nus, de pele acinzentada, que emergiam de buracos e devoravam serpentes, numa total inversão dos objetivos ou desejos atribuídos à glória imortal. A simbologia do divino, do eterno e do imortal como superior, etérea, clara surgia invertida: baixa, terrena e opaca. A visão do espetáculo inusitado leva o personagem a concluir, dissociando imortalidade e divindade, que ser imortal era normal, enquanto ignorância da morte, comum à maioria dos seres. O divino é que era incompreensível, ou seja, saber que se é mortal. O precioso era o precário, o que não se repetia.

Também no conto "A Perfeição", Eça de Queirós descreve a monotonia e o desinteresse que acompanham a imortalidade, em oposição à faina incessante dos projetos característicos do tempo que passa e se esgota.

Eça retoma a personagem da Odisséia, Ulisses, e descreve-o aprisionado na divina ilha de Calipso: Ogígia. O Herói lamenta a ociosidade, a falta da luta, do trabalho, do sofrimento, a falta da própria relação com a deusa: "nunca a tua face rebrilhou com uma alegria; nem dos teus verdes olhos rolou uma lágrima (...) a tua divindade não permite que eu te congratule, te console, te sossegue ..."[109]. E acrescenta numa súplica à deusa: "toda a minha alma arde no desejo do que se deforma, e se suja, e se despedaça, e se corrompe ....Oh! Deus imortal, eu morro de saudades da morte"[110].

A cultura humana que conhecemos – as artes, a política, a intrincada teia de relações humanas, ciência ou tecnologia – foi justamente concebida no ponto trágico, do encontro entre o período finito da existência física e a infinitude da vida espiritual humana[111]. O projeto surge do controle do tempo finito e na ambigüidade da incerteza.

---

[109] QUEIRÓS, Eça. *Obra completa*, vol. II. Rio de Janeiro: Aguilar, 1970, p. 1227.
[110] Idem, ibidem, p. 1231.
[111] BAUMAN, Zygmunt . *O mal-estar da pós-modernidade.* Rio de Janeiro: Zahar, 1998, p. 191.

A consciência da morte e o sonho da imortalidade implicam, hegelianamente, em sentido, enquanto a vida imortal seria a morte do significado.

Os esforços para fugir à mortalidade ditam inúmeras estratégias humanas, uma das quais é assumir a alma coletiva. A Igreja, a Nação, o Partido concedem significado à morte individual: "valeu à pena", "não foi em vão". A outra estratégia é individual, com a preservação de nossa vida na memória dos nossos sucessores. Para tanto, é necessário a grande obra política, artística ou filosófica.

Na hierarquia platônica, a alma se assemelhava ao divino e imortal e daí uma justificativa para depreciar o corpo perecível. A representação do velho nesta linha de pensamento falava apenas do acúmulo de sabedoria. O corpo tornava-se apenas a morada do saber. Sem esta visão, a velhice mostra-se desprezível enquanto retrato acabado de nossa fragilidade.

O projeto moderno, atribuindo ao homem a centralidade do mundo e divinizando a razão, partiu para a tarefa de combater a morte biológica e para tanto passou a desconstruí-la. A apropriação do corpo pela ciência se dá na passagem ao Renascimento, sendo significativa a obra de Vesálio que vai liberar as idéias de Galeno sobre anatomia (130-200 DC) da adequação ao texto sagrado, mantida ainda por autores medievais[112]. Esta nova fase é coincidente com a ruptura da correspondência do microcosmo corporal com o macrocosmo e com a passagem do tempo cíclico ao linear. A epistemofilia abre-se ao futuro e nada no saber fará jamais parar o saber.

Como resultado, a vida é policiada do princípio ao fim pelas prescrições e proibições visando a saúde corporal, promovendo intenso desenvolvimento biotecnológico numa espécie de "imortalidade prática" resultante da instrumentalização da vida.

Louis Vincent Thomas[113] opõe as representações da velhice e a da morte na sociedade ocidental após a época iluminista e aquelas das tribos africanas e faz aproximações entre situações africanas e a época do "Ancien Régime": insuficiência técnica médica; concepção da morte como destino que não se pode evitar ou adiar. Sendo a morte do domínio do mistério, o homem dela só pode se aproximar pela magia, pelo oráculo,

112 GIL, José. *Metamorfoses do corpo*. 2ª ed. Lisboa: Relógio d'Água, 1997, p. 136.
113 THOMAS, Louis-Vincent. *Anthropologie de la morte*. Paris: Payot, 1980, pp. 361-395.

sacrifício ou adivinhação. Embora os velhos fossem valorizados enquanto sabedoria acumulada, se eles se tornassem inúteis, sem poder ou mimados, eram eliminados com naturalidade. Tal situação muda na época iluminista com o progresso técnico e aumento de vida dos idosos. A velhice surge como fenômeno a ser examinado e enfrentado.

Morin pergunta se se pode esperar alguma medida comum entre as angústias da morte, os apelos de imortalidade e as pesquisas dos laboratórios? Concluirá após extensas considerações que as novas tecnologias trarão consigo uma verdadeira metamorfose do humano que deverá ser revisto num âmbito que não privilegie o individualismo burguês, a sociedade, ou a espécie, mas que contemple a tríade indivíduo/sociedade/espécie numa visão complexa de interdependência. A nova biologia trouxe a possibilidade do prolongamento da vida juntamente com o conhecimento da constituição indeterminada do organismo humano que envelheceu devido mais do que a um programa inscrito na célula, devido a erros de decodificação das mensagens. Daí o autor aludir ao conceito de "amortalidade", ou seja, ao pensamento de que, como nos unicelulares, a morte das células era atribuída a fatores exteriores.

Pergunta ainda o autor se a realização do homem, enquanto individualidade fundada na cultura, não postula um retorno à amortalidade, ou uma nova amortalidade através da ciência, ou seja, controlar os acidentes exteriores que provocam a patologia e a morte das células.

A luta contra a velhice se inscreveu tradicionalmente em duas perspectivas:

1- regeneração da atividade vital geral e

2- reparação ou substituição de órgãos lesados. A primeira categoria visa sobretudo a agir sobre os grandes sistemas reguladores e organizadores, sobretudo o sistema neuro-endocrinológico.

Em 1970, sem negar o que havia escrito em 50 sobre a morte, Morin comenta que se os soros da juventude, as estimulações endócrinas, os extratos embrionários, próteses, órgãos artificiais, técnicas de reanimação não provocaram nenhuma ruptura decisiva é porque eles não atacaram os próprios princípios da morte, ou seja, da vida, porque os princípios da vida não haviam ainda emergido à consciência científica. Ora, esta emergência constitui precisamente a "revolução biológica" que se abre em 1953 com a elucidação da estrutura e das propriedades do ADN por Watson e Crick e sua determinação do funcionamento e da reprodução da célula.

A descoberta do código genético determina mudanças no enfrentamento da morte da velhice. A morte sobrevém, na realidade, devido a falhas no sistema de informações que regem o funcionamento do organismo. O ADN decodifica e envia mensagens às células e neste circuito ocorrem erros que acabam por determinar a morte. O homem oscila assim entre uma indefinição, uma indeterminação quântica da vida e da morte e um infinito enquanto possibilidade de prolongamento da vida através dos avanços tecnológicos.

Com as transformações por que passa o contemporâneo, o homem assume a condição paradoxal de ser muito jovem e muito velho. Muito jovem porque leva muito tempo para aprender a viver sem as referências institucionais anteriores. Muito velho porque quando se descobre já é tarde, considerando um horizonte de vida de 70, 80 anos. Morin aponta para a mudança e a inserção no biológico e no cosmos como a grande aventura que marcará o futuro do metantropo calcado no convívio com o acaso e a mudança.

## 3- Velhice e Controle

Na era industrial, o corpo era manipulado enquanto instrumento da produção, lugar de disciplina e controle. Na sociedade pós-industrial, caracterizada pela difusão do saber e da informação, por uma tecnologia que ultrapassa a ciência e a máquina para tornar-se social e organizacional, repensa-se este controle. O corpo dominado é apenas o do trabalhador ou o novo espectro global de fluxos, redes e imagens é destinado a controlar sobretudo o cidadão consumidor através da produção incessante de serviços e desejos.

O liberalismo individualiza e atomiza. Os laços comunitários e familiares perdem seu vigor diante do império do novo, do jovem. "O mundo que é internalizado é o da juventude, do consumo, do descartável do ritmo acelerado e do tecnológico"[114]. É sintomática a representação da velhice em lugares isolados, ilhas, aparentemente defen-

---

114 STEPANSKY, Daisy. "Velhice, imaginário e cidadania". In: *Que corpo é esse?; novas perspectivas*. Org. Nízia Villaça, Fred Góes e Ester Kosovski. Rio de Janeiro: Mauad, 1999, p. 137.

dida do impacto da urbanização e industrialização globalizada. No filme *Baleias de Agosto,* duas irmãs idosas em espaço retirado se enfrentam com maneiras diversas de encarar a passagem do tempo. Ao desejo demonstrado por uma delas de abrir janela panorâmica que deixe ver o mar, a outra responde. "Não cabe aos velhos preocuparem-se com o novo".

A utilização de todos os recursos técnicos disponíveis na atualidade aumenta o fosso e a polarização entre os indivíduos tornados desvalidos, pelo próprio processo moderno de individualização e privatização. Os velhos que se agrupam sob a etiqueta da "terceira idade" são os que, embora não mais ativos, dispõem de renda para serem consumidores, atores sociais. Ao contrário, os que não são produtores e os inúteis como consumidores são pessoas que "a economia", com sua lógica de suscitar e satisfazer necessidades, dispensa. Parece haver uma relação nada desprezível, segundo Zygmunt Bauman, entre uma redundância orgânica (manifesta no excesso de carência de toda ordem) e os sinais de reavaliação da nova vida e longa vida. A recusa de velhos em tomar as vacinas indicadas são um sintoma bem claro do medo de extermínio, num tempo de questões demográficas ameaçadoras.

A velhice parece despregar-se do antigo paradigma que, separando alma e corpo, valorizava o primeiro termo. A sabedoria dos velhos acha-se em certo nível substituída pela memória eletrônica e pelo endeusamento do corpo jovem. Esquecem-se representações de poder investidos em figuras de velhos, como demonstra Michelângelo no afresco da Capela Sistina, em que o Senhor transmite ao homem a centelha da vida.

Numa sociedade onde impera uma visão culturalista do mundo, uma busca neo-iluminista de progresso e perfeição através da tecnociência, a "natureza" da perecibilidade humana é vista como decadência e desconformidade. O controle é a palavra chave no novo paradigma e a falta de poder para construir o próprio corpo, um motivo de exclusão. Os mecanismos de controle de que fala Foucault são postos em ação sobretudo através da mídia escrita ou eletrônica que apregoa os mandamentos do corpo são, belo e as maratonas que os menos jovens devem atravessar para se tornarem conformes ou "conformados". Frente ao "programa", há os que não conseguem se enquadrar devido sobretudo a problemas sócio-econômicos. Há os que tomam as "vans" da atualização e os cursos de reciclagem e os "happy few" que, também por motivos sócio-econômicos e culturais, sobretudo, pertencem às elites do poder e não precisam se apresentar para os testes.

Acompanhando esta hierarquia simbólica, há uma série de vocábulos que marcam a diferença e uma semiologia curricular. Reciclagem x formação; inativo x ativo são dois exemplos que apontam a importância atribuída à existência ou ausência de projeto na categorização dos velhos excluídos, dos velhos programados e dos velhos com autogerenciamento. Entre os primeiros está a grande maioria daqueles que transitam pelos corredores hospitalares em busca de remédios inexistentes, daqueles que jazem catatônicos em asilos e daqueles cuja discriminação, mais sutil, se expressa pelo isolamento no próprio ambiente familiar, não constituindo nem mesmo um tipo de apêndice útil para os serviços domésticos, como havia nas famílias até há umas 3 décadas: as tias solteiras, por exemplo. Tais velhos correspondem no plano do corpo social macro aos exorbitados da produção e do consumo que já não constituem nem o 3° mundo (oferecimento de mão-de-obra barata, terceirização etc.), mas são resto e lixo. São significativas as dificuldades de acessos literais e simbólicos impostas ao idoso: acesso aos ônibus, às rampas, ao lazer, à justiça e à cidadania.

A segunda categoria, a dos velhos programados, é contemporânea da sociedade de consumo. São os aposentados com boa renda, público alvo de uma série de campanhas comerciais através de programas de (atualização, reciclagem, auto-ajuda). É para o idoso que dispõe de meios de se prevenir da velhice. Tudo se passa com a colaboração do Estado que cria o ano dedicado ao velho, preocupado com as despesas da Previdência num país onde há mais de 14 milhões de pessoas com mais de 60 anos, 4 milhões com mais de 75 anos e 15 mil com mais de 100 anos. Na mídia, o que parece prevalecer são as discussões sobre o que o velho deve fazer para parecer jovem: dançar, correr, fazer sexo. As manchetes apontam para uma quase euforia da terceira idade que, de alguma forma, foi enquadrada na moda do terceiro termo: "caminhos que levam ao século do idoso"; "sexo na terceira idade"; "meia idade sem crise"; "um meio elogio à meia idade"; "a pornografia no outono das mulheres".

A categoria dos velhos autogerenciados é a que busca uma negociação entre as imposições da sociedade de consumo para a terceira idade e os movimentos de discriminação dos velhos em locais fechados. Alain Touraine fala da importância do sujeito contemporâneo como lugar de negociação entre as heranças pessoais, familiares, religiosas, étnicas e o desempenho de um papel na sociedade como ator social. O sujeito surge para ele como a combinação de atividade racional, identidade cultural e pessoal, não sendo mais o sujeito universalista, criatura de Deus, portador de direito natural, cidadão numa cidade que repousa no contrato social e no reinado da lei.

O sujeito não significa individualismo ou isolacionismo, nem submissão aos ditames da cultura de massa, nem comunitarismo e descaracterização global, nem razão instrumental, ou cultura unitária. Neste movimento de subjetivação necessitam se manter os velhos e daí a importância de um trânsito social o mais liberado e a luta por sua atuação fora dos protecionismos do poder hegemônico ou do comunitarismo e de qualquer tipo de isolacionismo e diferença[115].

É óbvio que a divisão aqui estabelecida lança mão de estereotipia para facilitar a discussão das diferentes modulações do tema. Arthur Frank[116], baseado nas categorias de desejo, controle, conhecimento de si e do outro, alude a 4 tipos de corpos: o dominado, onde o controle é predominante, seja da forma explícita ou por interjeições; o narcísico, onde imperam controles mais sutis como o mediático; o dominador, que, para não enxergar seu próprio descontrole, cria programas de controle do outro (vide movimento do totalitarismo); o comunicativo, onde o desejo indicado seria melhor expresso e o controle menor, possibilitando um conhecimento de si e uma interação com o outro. O diálogo, a mistura de gerações, a quebra das fronteiras certamente fazem parte de um esforço na conseqüência deste tipo ligado a uma visão interacionista e complexa de corpo numa auto-eco-organização[117]. A busca deste corpo comunicativo, que negocia seus interesses e desejos na sociedade, que comunga com as dimensões cósmicas do universo, numa dimensão em que cultura e natureza se reaproximam, é discutida com a temática da humanização das tecnologias, a possibilidade de uma ética da solidariedade e o enfrentamento de complexidade constitutiva do homem.

---

[115] TOURAINE, Alain. *Poderemos viver juntos? iguais e diferentes*. Petrópolis, Rio de Janeiro: Vozes, 1998, p. 203.
[116] FRANK, Arthur W. op cit.
[117] MORIN, Edgar et al. *Novos paradigmas, cultura e subjetividade*. Dora Fried Schnitman (org.). Porto Alegre: Artes Médicas, 1996, pp. 14-15.

## COREOGRAFANDO O PENSAR

Começavam os anos 70, a velha Faculdade de Letras parecia esquecida em sua fragilidade, encarapitada no alto da Avenida Chile com suas divisórias de madeira, mergulhada em goteiras, construída que fora como Pavilhão de Exposição. Foi aí, numa época em que reunião de mais de dez pessoas era considerada complô, que conheci o Professor Emmanuel Carneiro Leão com sua simplicidade e vigor, ministrando aulas de poética. Nos anos que se seguiram, em seminários particulares, tive oportunidade de acompanhar seu modo de refletir e aprender a pensar, deixando-me sobretudo levar pelo ritmo compassado de sua fala, avessa à transmissão de conteúdos de verdade. Nômade e aventureiro, alongava-se em cada período, desdobrava palavras, viajava em etimologias, esgarçava termos com associações, avessos e derivações. Partindo, fenomenologicamente, do entendimento comum das questões, procurava a limpeza do terreno, a desconstrução de pré-conceitos para arrolar o novo do pensamento que se queria compreender, novo entendido como potencialização e não ultrapassagem do passado. Passos para frente, para o lado, para trás perfaziam um só movimento, no espaço aberto de uma clareira onde se produzia, na diferença, a coesão do grupo.

Sem precisar me socorrer de conceituações, ia aprendendo a verdade como desvelamento paulatino e infinito, o Ser a partir da finitude. A filosofia escapava desta forma dos métodos normativos aplicados de fora do pensamento a se investigar e se dava como experiência fundamental "de um começo que nunca deixa de começar em tudo que começa, só se deixa interpretar a partir de sua disposição e experiência fundamentais"[118].

[118] SÁ CAVALCANTE SCHUBACK, Márcia. *O começo de Deus*: a filosofia do devir no pensamento tardio de F. W. J. Schelling. Petrópolis, Rio de Janeiro: Vozes, 1998, p. 18.

Aprendia também, antes do encontro com a psicanálise, a fala que abriga o silêncio "como linguagem no movimento consumado do repouso que já ultrapassou toda discursividade da língua"[119]. O silêncio pontilhava e se embutia no discurso do professor avesso ao falatório que se imobiliza no saber de conteúdos e citações secundárias e terciárias, na preocupação de descrever correntes de pensamentos, conceitos e epistemologias. Sua escuta, apenas para continuar o caminho perceptivo dos sentidos, era fina, atenta, apontando para o fato de que o erro pertence à errância do pensamento e, por isso, com ele se aprende, se começa, se continua.

Afirmações que nos pós-modernos anos 80, em sua espetacularização, foram lançadas com alarde (mortes do sujeito, da história, da sexualidade, das grandes narrativas) já eram pensadas (e re-pensadas no diálogo com Hegel, Kant, Fitche, Schelling, Heidegger, Wittgenstein ou Holdërlin). Destiladas gota a gota, em sintonia com o tempo da existência, tais questões se inscreviam num paradigma estético, espraiando-se entre poesia e pensamento. O originário e decisivo era o inefável e o mistério. Interpretar não significava conduzir alguma coisa para a claridade da razão e o discurso da língua, mas reconduzi-la a seu lugar de origem no mistério da Linguagem.

No momento presente, em que parece haver um retorno a um movimento totalitário, a uma busca de perfeição pós-humana que se acelera ao reboque do desenvolvimento tecnocientífico, o pensamento de Emmanuel parece mais que nunca oportuno, por apontar a incompletude do homem e da filosofia. Sua visão da filosofia como busca de fundamento nos faz ver a grande obscuridade do pensamento: a insaciedade do sempre já pró-jetado. Márcia Sá Cavalcante Schuback, a propósito desta busca, se interroga: de onde, a partir de quê se coloca a pergunta do fim da mente? Pensa que a experiência fundamental de que parte o pensamento é sua visão prévia, é o que, no exercício filosófico, não se pode esgotar, pois é o fundo sem fundo, indicando uma alteridade na constituição de si, uma alteridade interior que é passagem e devir. Tal mensagem, na trilha de Hermes, Emmanuel deixava-a se dar, passar, sem que autor e emissor bloqueassem o sentido com a posse da autoria ou a decifração da recepção. Hermeneucin torna-se

---

[119] CARNEIRO LEÃO, Emmanuel. *Aprendendo a pensar.* Petrópolis, Rio de Janeiro: Vozes, 1977, p. 149.

assim o que traz a notícia, à medida que é capaz de escutar a mensagem e ser fiel à escuta. Não é o mensageiro que passa e transmite a notícia, mas o que a transmite porque foi capaz de estruturá-la, colocando-se em "plena dualidade" do ser e do ente em sua unidade. O devir se instala como o que escapa em cada ente ou substancia, positivando a negatividade como o sempre já dado. O impensado do pensamento é justamente o que possibilitava o diálogo e a falta constitutiva do homem na sua imperfeição era precisamente o que o movia enquanto finito e mortal.

O exercício do pensar sem totalizar sempre me pareceu o grande investimento do Professor Emmanuel Carneiro Leão trabalhando incansavelmente no sentido de abrir o espaço para fazer aparecer a identidade na Diferença. Sua leitura de Heidegger a propósito do quadro de Van Gogh, "O sapato do camponês", é exemplar deste esforço de fazer ver o que desaparece na pré-ocupação do dia-a-dia. Pensar é então arte, instalando o mundo no recolher-se da Terra enquanto abertura. A hermenêutica alcança aí seu sentido originário como acontecer da Linguagem do Mistério e não apenas como explicação, tradução, comentário ou expressão. Não é tarefa da hermenêutica esclarecer uma mensagem obscura, uma língua estranha ou passagem pouco clara. Comenta o Professor Emmanuel, a propósito dos textos sagrados: "está muito certo, o método histórico-crítico, a filosofia, a arqueologia, a história das formas literárias, a lingüística estrutural, a crítica das fontes e dos textos, a história comparada das religiões, a antropologia são meios e recursos indispensáveis à interpretação e ao entendimento da Escritura"[120]. Apenas tal não se dá sem uma pré-compreensão e perspectiva prévia sobre o ser em causa no texto e no intérprete. Sem isto, para ele, a pretensão interpretativa seria análoga a querer aprender a força criadora da pintura pela análise química das tintas ou encontrar-se com a poesia pela análise estrutural de seus componentes lingüísticos.

Hoje, no mundo objetivado da técnica, é sempre mais premente pensar a estrutura onto-teo-lógica da metafísica enquanto lógica que objetiva o mundo e o sujeito inventando Deus como o não-fundado. O pensamento como "passo atrás" caminha da metafísica à essência da metafísica; do esquecimento à abertura, à Diferença. Neste sentido, a metafísica corresponde ao ser como logos e é então uma lógica que

[120] CARNEIRO LEÃO, Emmanuel. op cit., p. 219.

pensa o ser do ente, e se deixa marcar pelo que há de diferente na Diferença. Pensando o ente como tal na sua totalidade, a metafísica, como observa Heidegger[121], se representa o ente na perspectiva do que há de diferente na Diferença sem considerar esta última como tal. O que há de diferente se revela como o ser do ente no Universal e como o ser do ente no Supremo. O ser aparece como fundo, o ente é o que é fundado, enquanto o Ente Supremo é o que funda em razão no sentido de Causa primeira. Assim, quando a metafísica pensa o ente na perspectiva de seu fundo, que é comum a todo ente, ela é uma ontologia. Quando a metafísica pensa o ente como tal, no seu Todo, na perspectiva do Ente Supremo, que funda em razão todas as coisas, ela é uma Teologia.

Pensar o abandono do Deus dos filósofos, a ultrapassagem da metafísica, é trabalhar um caminho de armadilhas e de reapropriações. Um nó reside na própria Linguagem. "A substância das línguas ocidentais está definitivamente marcada pela onto-teo-logia ou estas línguas nos oferecem outras possibilidades da palavra aí incluída a do não-dizer que fala? – pergunta Heidegger[122].

Esta dificuldade parecia incomodar o Professor Emmanuel no exercício dos seminários. Seu pensamento fugia das proposições afirmativas estribadas no verbo ser e tateava num espaço vizinho ao do poético. O exercício dos seminários torna-se, como a palavra indica, um lugar e uma ocasião de jogar uma semente, um germe de meditação que pudesse um dia à sua maneira abrir-se e frutificar.

A noção do diálogo entendido como empenho em aceitar a provocação do não-dito no outro é o que aproxima o pensamento de Emmanuel da Poesia. Diálogo como relação na diferença, fala de limiar: "a linguagem fala no retraimento da diferença, deixando emergir o limiar humano enquanto limite de tudo dizer"[123]. Esta abertura do devir de si mesmo na alteridade, este esforço de não-controle do outro é o que aproxima o pensamento não totalitário da poesia. À afirmação identitária "isto é aquilo" substitui-se "isto e aquilo". À luz do espaço entreaberto da alteridade, poesia e pensamento se encontram numa conver-

---

[121] HEIDEGGER, Martin. *Questions I*. Trad. do alemão por Henry Corbin, Roger Munier, Alphonse de Wailhens, Walter Biemel, Gerard Granel e André Préau. Paris: Gallimard, 1968, p. 305.

[122] Idem, ibidem, p. 308.

[123] SÁ CAVALCANTE SCHUBACK, Márcia. *O espaço entre poesia e pensamento*. Rio de Janeiro: UFRJ/IFCS, 1986, p. 71.

sa[124]. O que a conversa ilumina é a espacialidade do "e", na dinâmica do avizinhar-se do pensamento e poesia, continua a autora. Colocam-se um diante do outro como en-contro, existem no espaço do entre, na alteridade. Tal dinâmica de avizinhar-se se faz no cultivo da distância, no espaço da diferença. Cultivar a distância consiste na possibilidade de poesia e pensamento realizarem-se no que é próprio a cada um, no espaço da diferença e não no espaço mensurável da representação. "A proximidade que coloca poesia e pensamento em vizinhança chamamos saga", não como tipo de discurso mas como aventura do dizer[125]. Na saga, o dizer se inscreve como o primeiro gesto da proximidade que cultiva a distância no mútuo pertencer da proximidade e distância.

Quando em todos os campos do saber ganha visibilidade, a crise das certezas do sujeito clássico, a indeterminação e o acaso, o artigo do Professor Emmanuel Carneiro Leão sobre o sentido grego do Caos é significativo. Caos na experiência grega se dá na impossibilidade de "se falar e/ou agir sobre ele"[126]. O Caos surge como a possibilidade de se falar, pensar, agir sobre qualquer coisa e, portanto, aprender a pensar é a própria abertura ao Caos como possibilidade fundamental.

O sentido grego de Chaos conjuga a antecipação de qualquer ordem ou desordem, a abertura inaugural e princípio de continuidade para toda diferenciação e/ou indiferenciação. Nesta integração mora tanto o silêncio das falas e o espanto da criação. Nela habita a estranheza, que atrai o conhecimento e o inesperado, e alimenta de esperança toda espera. Com ela partilha o pensamento, a ousadia de suas aventuras e para ela se encaminham todas as tentativas de transcendência e ultrapassagem.

Num tempo em que assistimos à organização de seminários sobre a delicadeza, reafirma-se a importância da convocação ao pensar que veio sendo elaborada pelo Professor Emmanuel Carneiro Leão.

Falar sobre esta experiência é impossível e assim apenas podemos a ela aludir obliquamente no humor em eco de certos autores como Guimarães Rosa ou Fernando Pessoa.

---

[124] Idem, ibidem.

[125] Idem, ibidem, p. 78.

[126] CARNEIRO LEÃO, Emmanuel. "O sentido grego do caos". In: CARNEIRO LEÃO, Emmanuel e Outros. *Caos, acaso e determinismo*. Org. Antônio Maria da Silveira, Ildeu de Castro Moreira, Roberto Cintra Martins e Saul Fuks. Rio de Janeiro: UFRJ, 1995, p. 245.

*A Criança Nova que habita onde vivo*
*Dá-me uma mão a mim*
*E a outra a tudo que existe*
*E assim vamos os três pelo caminho que houver,*
*Saltando e cantando e rindo (...)*[127].

A novidade infantil que habita o poeta é a possibilidade do criar, do caminhar, é a Diferença, o Caos, a possibilidade inaugural. Em vez de metafisicamente falar de Deus como preenchimento da falta, causa primeira, fala desta ausência como abertura e de si mesmo como morada.

*A Criança Eterna acompanha-me sempre.*
*A direção do meu olhar é o seu dedo apontando,*
*O meu ouvido atento alegremente a todos os sons*
*São as cócegas que ele me faz, brincando, nas orelhas (...)*[128].

Que linguagem é capaz de levar a filosofia para o seu *topos* originário e carregar o vigor do que foi coletado? Heidegger aponta os poetas e os pensadores como aqueles que vivem e suportam viver perpassados pelo *páthos*. O páthos do espanto carrega a filosofia e impera no seu exterior não simplesmente como o lavar das mãos precede a operação do cirurgião[129].

Atento aos pensadores – poetas gregos, antes da sistemática dos clássicos, atento aos versos dos poetas modernos, Heidegger pensou a verdade como enigma. O caminho da poesia, não como literário, mas como obra da linguagem, torna-se ponto de articulação do ser que chega à palavra. Como deixa entrever Caeiro, o poeta presentifica o ser do ente, na proximidade dos deuses, que não deixa de ser um espaço vazio. Projetando-se e ao mundo, o poeta chega às origens. Seu canto inocente é proveniente de uma linguagem original.

Foi esta abertura da Linguagem deste poetar pensante a mensagem que recebi do Professor Emmanuel Carneiro Leão.

[127] PESSOA, Fernando. *Obra poética*: volume único. Rio de Janeiro: Companhia José Aguilar Editora, 1969, p. 211.
[128] Idem, ibidem.
[129] HÜHNE, Leda Miranda. "O poetar pensante". In: PESSOA, Fernando & HEIDEGGER, Martin. *O poetar pensante*. Org. Leda Miranda Hühne. Rio de Janeiro: Uapê, 1994, p. 60.

## MACUNAÍMA: Uma Releitura no Momento Global

> *"Veja bem: abrasileiramento do brasileiro não quer dizer regionalismo nem mesmo nacionalismo. O Brasil para os brasileiros não é isso, significa só que o Brasil, para ser civilizado artisticamente, entrou no concerto das nações que hoje em dia dirigem a civilização da terra, tem de concorrer para esse concerto com a sua parte pessoal, com o que singulariza e individualiza, parte essa única que poderá enriquecer e alargar a civilização".*
>
> *Mário de Andrade*

Em tempos de globalização, de velocidade crescente dos mecanismos de informação e comunicação, de autonomização dos processos financeiros, na esteira dos grandes complexos transnacionais, crescem os debates sobre as tendências neoliberais "democratizantes" e o papel a ser desempenhado pelo que tradicionalmente se entendia por nação.

Perguntamo-nos sobre o que possa representar hoje o conceito de cidadania e o contrato de cada indivíduo com seu país de origem ou adoção. O que é o Brasil, o que é ser brasileiro?

A interrogação sobre a questão identitária parece comum ao imaginário latino-americano e é neste contexto que se constroem alianças e pactos como o Mercosul que funcionam no limite das especificidades nacionais e da participação num processo de planetarização. Tais tratados, na defesa de interesses econômicos, na tramitação de acordos comerciais, parecem não enfatizar a questão cultural, determinante da manutenção do caráter de cada nação quando este não é mais territorial e fundacional, mas construído em níveis mais complexos.

Como bem sublinha Nestor Garcia Canclini[130], a reflexão atual sobre a identidade e a cidadania precisa situar-se com relação a vários

---

[130] CANCLINI, Nestor Garcia. *Consumidores e cidadãos*: conflitos multiculturais da globalização. Trad. Maurício Santana Dias. Rio de Janeiro: UFRJ, 1995.

suportes culturais, e não só em termos de folclore, ou de diversividade política como ocorreu nos nacionalismos do século XIX e inícios do século XX. Neste sentido, a antropologia encontra dificuldades hoje em ocupar-se da transnacionalização, da globalização e de situações de interculturalidade. Quando a circulação cada vez mais intensa de pessoas, capitais e mensagens nos põe em contato simultaneamente com várias culturas, nossa identidade já não pode ser definida pela associação exclusiva à comunidade nacional ou apenas na ótica da diferença. Impõe-se a questão da hibridização e a necessidade de uma visão transdisciplinar. É seguindo esta trilha que, a partir do movimento antropofágico dos anos 20 e a obra de Mário de Andrade, *Macunaíma*[131], gostaríamos de retomar a discussão sobre o nacional, marcando a diferença do que estamos chamando hibridização frente aos processos de mestiçagem e sincretismo que caracterizaram diversas narrativas de nossa identidade, alternando versões negativas e paradisíacas.

Embora Gilberto Freyre em *Casa-Grande & Senzala* use indistintamente hibridização e mestiçagem, faremos aqui uma distinção entre as duas estratégias, revisitando Macunaíma.

A mestiçagem parece estar atrelada a um imaginário de um Brasil passivo, onde tudo está à espera da predisposição estrangeira, sobretudo portuguesa, para as misturas que viriam equilibrar a sensualidade negra ou a preguiça indígena. O termo hibridização oferece maior capacidade de abarcar misturas interculturais, enquanto mestiçagem se refere sobretudo a raças, e sincretismo indica geralmente fusões religiosas ou movimentos simbólicos tradicionais. A palavra hibridização, como acentua Canclini, é mais versátil para dar conta tanto destas misturas "clássicas" quanto dos entrelaçamentos contemporâneos entre o tradicional e o moderno, o culto, o popular e o massivo.

O que se quer acentuar com a idéia de hibridização é a discussão da brasilidade como identidade propriamente cultural e processual, supondo uma atividade constante na *metabolização* do par global/local.

---

[131] ANDRADE, Mário de. *Macunaíma*: O Herói sem nenhum caráter. São Paulo: Livraria Martins Editora, 1976.

Canclini sublinha o processo de construção da identidade como cultural e ativo, fugindo às leituras naturalistas e idealizadas que privilegiaram o cenário edênico do "em se plantando tudo dá"[132].

Para o autor, a identidade é algo que se narra. Inicialmente são os acontecimentos fundadores, relacionados geralmente à apropriação de um território, à conquista da independência. Tais discursos encontraram seus dispositivos de formulação de identidade nacional nos livros escolares e museus.

Numa etapa posterior, ao lado destes relatos, o rádio e o cinema contribuíram para organização dos relatos de identidade e cidadania com a crônica da cultura do dia-a-dia que distinguia os diferentes povos e paralelamente promovia meios de adaptação para os imigrantes.

Nos anos 60, o cinema contribuiu para a estruturação do imaginário desenvolvimentalista, como agente de inovações tecnológicas. Como os meios eram predominantemente de capitais nacionais, mesmo os atores mais internacionalizados de então – como a TV e a publicidade – nos incitavam à valorização do produto nacional.

A crise identitária vai se aguçar nos anos 80, com a abertura dos países aos mercados globais e a processos de integração regional que reduziram o papel das culturas nacionais. Passamos assim a depender dos grandes centros onde as decisões são tomadas. Sai-se da fantasia da identidade para a construção da identidade.

A antropologia acostumou-se a tratar das questões identitárias a partir do critério de distinção dos grupos no contato cultural. Canclini acentua que a situação atual de interculturalidade implica, pela velocidade e quantidade de informações, pelas maneiras desiguais de apropriação simbólica, não apenas a diferença, mas também a hibridização. Identidade poliglota, multiétnica, migrante, feito de mesclas de várias culturas. Se grande parte da produção artística e de massa ainda circula apenas no âmbito nacional, consagrando a identidade regional, um setor sempre mais vasto da criação da difusão e da recepção da arte se realiza de modo desterritorializado, produzindo as obras como citação transcultural, individualizando eixos que atravessam as fronteiras.

---

[132] Ver sobre o assunto: CANCLINI, Nestor Garcia. "El debate sobre la hibridacion". In: *Revista de Crítica Cultural*, nº 15, Santiago, Chile: Imprenta Andros, 1998. Noviembre 1997. p. 42-47.

O momento atual da cultura latino-americana "onde as tradições ainda não se foram e a modernidade não terminou de chegar"[133] configura uma heterogeneidade multitemporal em que imagens pré-colombianas são veiculadas por artistas, misturadas às da indústria cultural e reelaboradas por computadores e laser. Um olhar sobre estes circuitos híbridos de produção cultural ilumina também os processos políticos, onde nos deparamos com a mistura da democracia moderna e de estruturas arcaicas de poder, de instituições liberais e de hábitos autoritários.

A narrativa da identidade vista por Lezama Lima[134] também nos oferece pistas para pensar a hibridização como dinâmica oposta à visão naturalista da mestiçagem.

O autor vai longe em suas especulações sobre identidade nacional num olhar que nega a história linear de cunho hegeliano para apostar num imaginário que contraponteia mitos, folclores, começando assim uma nova cultura em cada espaço de análise. Sua visão não privilegia a racionalidade abstrata, mas o conhecimento erótico/sensual, o corpo, seus perceptos e afetos. Constrói-se uma "fábula intertextual" que compendia o devir americano como uma era imaginária que soma e transforma fragmentos de outros imaginários. Registra a forma deste devir produzido pelo diálogo entre os textos americanos e os de outras culturas, atribuindo ao trabalho crítico o papel de assinalar as semelhanças e diferenças entre eles. Surge a história como ficção. O autor retira dos mitos cosmogônicos, crônicas, ritos sociais, literatura, lendas biográficas, artes ou política, uma constelação de personagens exemplares da expressão americana: heróis cosmogônicos, o Senhor Barroco, o Rebelde Romântico, o homem dos começos.

O sintagma se constitui circularmente. O epílogo reproduz o começo, que é semelhante sendo diferente, de acordo com variantes epocais, regionais ou sociais do universo cultural americano. A tônica destas "dramatis personae" é a "poiesis" demoníaca, patente no vocabulário-faústico, sulfúreo, plutônico luceferino, tendo a imagem do homem americano como "uma rede de imagens que recortam a astúcia e a magia, a curiosidade e o prazer, a apetência e a devoração, a rebeldia e a

[133] CANCLINI, Nestor Garcia. *Culturas híbridas*: estratégias para entrar e sair da modernidade. São Paulo: EDUSP, 1997.

[134] LIMA, José Lezama. *A expressão americana*. Ed. Brasiliense, 1988, p. 31.

liberdade, a malícia e o engenho". Este dado demoníaco estrutura um pensamento crítico na fuga da dominação teórica dos grandes centros.

A imagem americana de Lezama difere das imagens etéreas com que Rodó identificou a América Latina ou Otávio Paz sua visão da fundação do México. Seu americano é uma espécie de Caliban, que poderíamos aproximar do Macunaíma de Mário de Andrade.

O pensamento de Lezama, mesmo no que toca aos Heróis cosmogônicos, nunca é puro: não há indigenismo nostálgico.

O personagem "Senhor Barroco" configura o grande eixo do pensamento de Lezama, o qual subverte a historiografia de corte nacionalista que fixava no romantismo e nos movimentos de independência da Espanha ou de Portugal o nascimento literário ou artístico latino-americano. O barroco será, assim, um autêntico começo, por constituir uma síntese hispano-indígena e hispano-negróide.

Esta visão de Lezama Lima aponta para uma "mestiçagem barroca, lúdica", diferente da mestiçagem idealizada ou da mestiçagem do naturalismo do final do século XIX e sua teoria do branqueamento. A propósito da época naturalista, é oportuno lembrar a teoria racial de Silvio Romero que marcou dois intérpretes do Brasil que partiram de facetas distintas de sua obra: Oliveira Viana, em *Evolução do povo brasileiro*, 1923 (visão arianista), e Gilberto Freyre, em *Casa-Grande & Senzala*, 1933 (valorização da miscigenação como mitologia da identidade nacional)[135].

O que gostaríamos de marcar com Macunaíma de Mário de Andrade é justamente a fuga à idealização romântica ou à crítica racista do final do século ou mesmo ao pensamento de mestiçagem identitária de um Gilberto Freyre. Macunaíma inaugura uma postura ativa do brasileiro em confronto com a influência estrangeira, apelando, mais que para uma realidade natural dada, para um demonismo mágico, fábrica de mutações. Daí a obra de Mário poder alinhar-se ao que Lezama chama de "mestiçagem barroca" e poder ser reutilizada no momento atual para pensar o produto híbrido. O "tupi or not tupi" do manifesto antropofágico de Oswald a rigor não é a tônica do discurso de Mário que, não sendo um manifesto, é mais plástico nas diversas negociações.

---

[135] Apud. VENTURA, Roberto. *Estilo Tropical*. São Paulo: Companhia das Letras, 1991, p. 66.

O livro de Mário de Andrade possui diferenças e semelhanças com o pensamento de Lezama Lima. Semelhanças do momento em que a viagem do herói não se limita ao Brasil, estendendo-se a outros países da América Latina, abrindo para uma realidade americana o que é interessante no presente momento. Semelhanças também pelo fato de colocar como contraponto culturas européias, como a francesa ou a italiana. No entanto, enquanto Lezama vê a cultura européia como a matriz paradigmática de nossa cultura, Mário trabalha com a quebra das continuidades e com uma tática de tradução da cultura estrangeira.

Construído no cruzamento de diversos significantes, textos e culturas, Macunaíma escapa das classificações na sua construção rapsódica. Contribuíram para sua arquitetura textos clássicos das literaturas portuguesa e brasileira, relatos etnográficos, mitos indígenas, contos da literatura folclórica, cantigas de reza, provérbios, anedotas costurados numa linha narrativa que se configura como busca, produção e perda. Aí a literatura assume plenamente o sentido que lhe atribui Rancière[136]. Lugar de combate, lugar de constante apropriação que, pela insistência, fala do luto da Voz perdida. Michel de Certeau[137], referindo-se à economia escriturística, aponta, com propriedade, a narrativa de Robinson Crusoé como modelo do desejo de ordenação, de banimento do outro. O personagem, Sexta-feira, representa a alteridade que insiste em criar estranhamento com o rastro de suas pegadas e deverá ser eliminada através da nomeação.

Os movimentos de busca de identidade nacional sempre se caracterizaram pelo desejo de unificação, de banimento do outro, seja através de um exotismo paradisíaco, encenado por exemplo no romantismo, seja por um exotismo mestiço que, no limite, perdia a abertura das diferenças para encarnar um mito.

Bem diversa é a estratégia de Macunaíma, em que, mais que antropofagia como exclusão de alteridade, tem-se agenciamentos de diferenças, trabalhando o espaço do entre, num jogo onde o risco é *sentido* que vai se instalando.

É sintomático o uso sistemático da paródia. Logo na abertura da rapsódia, o estilo, de sabor primitivo, ao mesmo tempo religioso e

---

[136] RANCIÈRE, Jacques. *Políticas da escrita*. Rio de Janeiro: Ed. 34, 1995.

[137] CERTEAU, Michel de. *A invenção do cotidiano*: artes de fazer. Trad. Ephraim Ferreira Alves. Petrópolis, Rio de Janeiro: Vozes, 1994.

épico, brinca com os primeiros parágrafos do segundo capítulo de Iracema. Enquanto a índia tabajara se distingue por sua beleza solar, Macunaíma é o feio, escuro. À leveza e à rapidez da mítica indígena contropõe-se a preguiça do herói andradino. Na atitude paródica, a identidade se dá como intertextualidade. Hipertexto.

A "Carta às Icamiabas" também se inicia com uma paródia camoniana e estabelece, em seguida, a identidade das índias no diálogo com as francesas. O mesmo sucede com a tradução da cidade de São Paulo a partir das referências da selva. Assim pensa que um elevador é um macaquinho (sagui), que as buzinas dos carros eram piados ou berros de bichos e não máquinas. Que os carros fordes eram onças pardas ou os caminhões, tamanduás.

Macunaíma traria os germes do que poderíamos chamar, com Lezama, "mestiçagem barroca", que aproximamos do movimento de hibridização, ou seja, identidade como construção que se narra sempre diferentemente, identidade como seqüência de identificações.

Para Otávio de Souza[138], a busca da identidade brasileira é constante. Ingênua, em períodos como o romantismo, torna-se cientificista no final do século XIX. Retorna culturalista com os modernos e ganha teor revolucionário a partir da década de 50. Mantém-se hoje como tema, embora o sentido de busca se torne mais complexo pelos motivos já apontados.

O discurso de Macunaíma parece ocupar um lugar estratégico para a discussão contemporânea, quando procura não cair em radicalismos regionalistas, imagens idealizadas, nem nos deixar aprisionar no exotismo da diferença. A ficção de Mário aposta nas aclimatações que podemos e devemos fazer dos aportes estrangeiros na construção do nacional enquanto barganha, troca. Em inúmeros livros de literatura dos anos 80 e 90, o que se vê, ao contrário, é um abrir mão da subjetividade individual, social e nacional para mergulhar numa espécie de minimalismo escriturístico em que se liquidam todos os níveis identitários ou num mimetismo que se perde entre simulacros.

A confrontação entre hibridização e mestiçagem através da revisita do herói andradino metamórfico teve como objetivo trazer ele-

[138] SOUZA, Otávio. *Fantasia de Brasil*: as identificações na busca da identidade nacional. São Paulo: Escuta, 1994.

mentos para a discussão que hoje se impõe em tempos de globalização. Debatendo as idéias de Canclini sobre hibridização, Mabel Moraña[139] chama a atenção para o perigo da banalização do conceito que acabaria sinônimo de um neo-exotismo latino-americano, um boom da subalternidade uniformizada nas redes transnacionais.

Para a autora, enquanto os setores marginalizados e explorados perdem voz pelo enfraquecimento do modelo marxista em nível histórico e teórico, aflui o rosto multifatado do índio, da mulher, do campesino do "lumpem", em música, vídeos, novelas etc. O perigo é a tentativa de transformação da empiria híbrida latino-americana com conceitos e princípios niveladores e universalizantes. A hibridização converter-se, então, em um dos ideologemas do pensamento pós-colonial que desta forma reinscreve a América Latina num movimento de recentralização epistemológica. Desvirtuam-se, seja o conceito de hibridização, seja o de subalternidade, enquanto descontínuos e com graus variáveis de negociação com os discursos hegemônicos. Os conceitos de multiculturalismo e diferença passariam a integrar o pastiche da pós-modernidade.

Segundo Mike Featherstone, por outro lado, mais que a emergência de uma cultura global unificada, existe uma vigorosa tendência a que o processo de globalização propicie um estágio para as diferenças, abrindo uma vitrine mundial de culturas na qual os exemplos do exótico distante sejam trazidos diretamente para o lar provocando um entrechoque discordante de culturas[140].

Portanto, é ciente destes debates que nos perguntamos sobre a produção de uma cultura que transite com estilo próprio, sem tornar-se mediadora de um exotismo tropical. Cultura com seu imaginário de constelação, celeste (Macunaíma/Ursa Maior), cultura também da saúva e da pobreza. Identidade brasileira como projeto que inclui a falta e escapa assim de tornar-se uma utopia européia.

---

[139] MORAÑA, Mabel. "El boom del subalterno". In: *Revista de crítica cultural*, nº 15. Santiago, Chile: Imprenta Andros, 1998. Noviembre, 1997, p. 48-53.

[140] FEATHERSTONE, Mike. *O desmanche da cultura*: globalização, pós-modernismo e identidade. São Paulo: Studio Nobel, 1997.

## DE TABU A TOTEM: BUNDAS

No princípio era a nudez dos índios, metáfora de sua natureza selvagem. Vestir os indígenas era colocá-los no seu lugar, constrangidos e desajeitados nas roupas dos brancos. E vieram os negros seminus nas galeras, examinados e vendidos como postas de carne no açougue. A senzala assinalava o espaço de exclusão; era necessário manter a distância de toda aquela diferença com seus cantos, requebros e feitiços. As bundas, até então desfocadas, entram em cena, já que as índias de corpos esguios as tinham mais achatadas. Descritas como lascivas e sensuais em suas relações com os aventureiros que haviam aprendido com o Renascimento a exaltação pagã da vida física, o corpo indígena deixou na memória histórica sobretudo o imaginário da espontaneidade nativa[141].

"Segundo os dicionários Aurélio, Nascentes, Figueiredo e o Houaiss que vem aí – transcreve Nei Lopes – bunda é, primeiro, o designativo da língua falada pelos pretos de Angola e, por racista e escrota conseqüência, é o qualificativo de qualquer linguagem corrupta e dissonante"[142]. Considerada a protuberância da bunda negra, seu desvio paradigmático em relação ao padrão branco dominante, chega-se ao nome de batismo atribuído à região glútea.

Na época colonial, o "nefando crime" (sodomia homossexual) se estende às passivas mulheres, difundindo o comportamento "bi" que já vai se tornando "pluri" na sociedade contemporânea marcada pela dissolução e reconstrução das fronteiras de gênero, etnia e classe, num processo cujas repercussões não nos é dado, ainda, apreciar.

Historicamente, a nudez, por motivos religiosos, culturais, conscientes e inconscientes, constituiu-se como espécie de tabu que

---

[141] PRADO, Paulo. *Província & nação paulística retrato do Brasil.* São Paulo: Conselho Estadual de Cultura, 1972. pp. 149-168.

[142] LOPES, Nei. "Sobre bundas e bundos". In: Revista Bundas, n. 2. Rio de Janeiro: Pererê, 25 de junho de 1999.

participou da organização social em contraste com a vestimenta, propiciando a criação de um "habitus" social feito de restrições e liberdades. O par nu/vestido serviu às negociações do poder marcando lugares de exclusão e inúmeras hierarquias simbólicas, dependendo da escolha de mínimos detalhes ligados à propriedade, à sobriedade, ao tipo de desvelamento etc.

Parece que foi, sobretudo, a partir do modernismo e seu questionamento do colonialismo cultural que se iniciou a libertação do corpo do padrão europeu. Anteriormente, a abstração da metáfora alencariana relativa ao corpo da mulher indígena procedia de idealização romântica calcada em modelo francês e mais parecia uma instalação pós-moderna com a justaposição de cabelos cor das asas da graúna, lábios de mel e talhe de palmeira. Na segunda metade do mesmo século, depois da libertação dos escravos e sua invasão do espaço urbano[143], o corpo negro sofre forte discriminação de que dá depoimento a campanha de branqueamento feita na época naturalista. Já o modernismo busca uma linguagem física que expresse nossa singularidade e Macunaíma, com sua sem-vergonhice e hibridismo, é um exemplo. O que gostaríamos de marcar com Macunaíma de Mário de Andrade é justamente a fuga à idealização romântica, à crítica racista do final do século XIX ou mesmo ao pensamento de mestiçagem identitária de um Gilberto Freyre.

Portinari deu atenção ao corpo do trabalhador na representação artística que, de instrumento invisível da produção, ganha um em-si através da arte. Por outro lado, com Di Cavalcanti, surge a mulata como a síntese da mulher brasileira em sua exuberância física. Não se poderia dizer que este veio tenha sido exatamente benéfico para a construção seja da mulata, seja do feminino em geral. De qualquer forma, o corpo feminino vem à cena com maior força, tendo, também, contribuído para tanto a moda das casas de verão como as que surgiram em Copacabana a partir da década de quarenta. Começa a oficializar-se uma qualificação da beleza feminina, pela qual o corpo é celebrado, já que, até então, ela era mais adjetivada pelo decoro, modéstia, polidez, delicadeza, como a literatura, com honrosas exceções, dá mostras.

---

[143] Ver sobre o assunto BUARQUE DE HOLANDA, Sérgio. *Raízes do Brasil.* São Paulo: Companhia das Letras, 1995. pp. 71-92.

O tabu da nudez começa a ser desconstruído, sobretudo, a partir da década de 60. Na década de 50, mais comportada, alguns centímetros a mais na região glútea ainda reprovavam branquinhas como Martha Rocha. Nos anos 60, partimos para revoluções de todo tipo e tivemos movimentos de liberação corporal com a queima dos soutiens, as minissaias, as roupas soltas dos anos 70. As duas peças viraram biquinis, que viraram tangas, que viraram fio dental e, finalmente, bundas.

O corpo dará lugar à bunda como totem num processo de fragmentação e coisificação sucessivos. A bunda-totem passou a criar comunidade, diferentemente do fetiche que é, segundo Freud, de natureza mais individual. As requebrantes bundas das mulatas puseram-se em marcha: mulatas de exportação, de profissão. Dos anos 80 em diante, a moda, a mídia, o "marketing" e o "design" são determinantes da proliferação dos padrões corporais. Com a abertura política, parecem diminuir sensivelmente as delimitações dos espaços, as fronteiras entre o público e o privado. A tanga de Gabeira na volta do exílio é um marco. A bunda, do domínio privado, torna-se, mais e mais, pública, entra nos lares como bunda pedagógica, professora de danças difíceis e engraçadinhas ou de técnicas de sadomasoquismo. Torna-se ideal a perseguir.

Se, tradicionalmente, o corpo fora desconsiderado culturalmente e estudado apenas sob o ponto de vista antropológico (Mauss, Cascudo, entre outros) hoje, suas manifestações (andar, voz, altura, forma) compõem, juntamente com os conhecimentos intelectuais, nosso capital cultural. Numa sociedade neoliberal da imagem e do espetáculo, a performance torna-se fundamental. Surge até a bunda industrial, como acusa Jabor: "nós somos seus objetos de consumo, ela nos programa "voyeurs" obedientes, organizados, numa platéia de masturbadores[144]". A bunda, sugestivamente, vem sendo posta no seguro como a parte carnal nobre do corpo.

Progressivamente, a relação nu/vestido como negociação social – aí entendidos os códigos da sofisticação vestimentária – perdeu seu vigor. Era preciso aparecer e a bunda entrou em pauta. É título de revista da turma do Pasquim na intenção de expor o outro lado da História. Opondo-se a Caras, a revista não fala de piscinas jacuzzes, alcovas ou peruas; contém bundas, "algo autêntico e delirante com aquela since-

[144] JABOR, Arnaldo. In: Jornal O Globo. 2º Caderno, 16 de março de 1999.

ridade de um grafite na privada" (Millôr). Dizem que quem põe a bunda em "Caras" não põe a cara em "Bundas".

A bunda é badalada por articulistas e cronistas que tentam encarar o assunto de frente, analisando este sintoma de um Brasil que se queria um "governo cabeça". Surgem análises etimológicas, históricas e sociais do fenômeno.

É ainda Jabor que, em tópico de sua crônica por nós referida, intitulado "a bunda e o outro", comenta que as mulheres, de frente, são mais inquietantes, porque são "sujeitos" com rosto e alma. Já, de costas, tranqüilizam-nos, são passivas, objetais. A bunda não exige nada. A bunda não tem rosto. A bunda é sinônimo do sujeito pós-moderno.

O sintoma Bundas parece falar da falta de conexão geral, de uma sintaxe do anacoluto que rege nossa vida política, econômica e social. Tudo entra na órbita do efeito especial, superfície, onde mostrar a bunda traduz uma "gag" expressiva diante da banalização geral, traduzindo a perda do discurso, a versão tropical da crise dos grandes relatos.

Luís Fernando Veríssimo[145] alude a traço da cultura brasileira a partir da invenção do sadomasoquismo sem maldade de Tiazinha: separar o signo de seu referente, fazendo circular significantes vazios de forma sacralizada.

O rebaixamento cultural sintonizado com o deslocamento do acento tônico do interesse para a região glútea é apontado por Tárik de Souza a propósito da MPB. A "bunda music" de "um país anal (fabeto inclusive)", diz ele, estaria dividida entre os cantores que usam a bunda como expressão quase vocal e a música "bundona" brega que agora virou chique[146].

A nova sintaxe, na final, como alude Affonso Romano de Sant'Anna[147], a mobilidade glútea vira sinônimo de mobilidade social, traça o caminho da destruição do totem pela sua total coisificação e

---

[145] VERÍSSIMO, Luís Fernando. In: Jornal O Globo, 1º Caderno, 25 de fevereiro de 1999. p. 7.

[146] SOUZA, Tárik de. "A MPB cai de bunda (music)". In: Revista Bundas, n. 2. Rio de Janeiro. Pererê, 25 de junho de 1999.

[147] SANT'ANNA, Affonso Romano de. In: Jornal O Globo, 2º Caderno, 17 de março de 1999. p. 8.

falta de transcendência. As bundas acabam não remetendo a lugar nenhum e nem mesmo ao corpo inteiro do indivíduo, homem ou mulher, tornados "democraticamente" indiferenciados, de costas. Fim da sociedade discricionária falocêntrica, da identificação do pênis masculino com o falo e o poder? Fim do sentimento de inferioridade feminino pela não identificação com o falo e pela inveja do pênis? Narciso se olhava no espelho... Como explicar a exposição narcísica das bundas? Será que Renato Gaúcho, homem da espada, conseguiria explicar sua foto de bruços aos fãs da platéia gay?

De qualquer forma, entramos na era da comunidade das bundas, na falta de outro motivo de coesão social ou tribal que não seja a violência a que a maioria dos cidadãos se acha submetida.

Bunda pra toda obra, a bunda virou coisa e metonímia de outras coisas e o totem perdeu seu sentido. O tabu virou totem e o totem virou bunda.

# DESSUBJETIVAÇÃO E CONTEMPORANEIDADE

> *"Ah, meu amigo, a espécie humana peleja para impor ao latejante mundo um pouco de rotina e lógica, mas algo ou alguém de tudo faz frincha para rir-se da gente... E então"?*
>
> *Guimarães Rosa.*

Pensar a subjetividade e o campo do inconsciente hoje é se deixar atravessar e afetar pelos agenciamentos representados pelos avanços da tecnociência, das tecnologias da comunicação e da informação, pelas descobertas da biogenética e da nova física.

A questão não é mais saber se o inconsciente freudiano ou o inconsciente lacaniano fornecem uma resposta científica aos problemas da psique. Na produção da subjetividade, estes e outros modelos serão considerados em relação aos dispositivos técnicos e institucionais que os promovem. O inconsciente surge como um fundo caleidoscópico a ser cartografado e modelado por subjetividades individuais através de marcas cognitivas, míticas, rituais e sintomatológicas.

Autores como Vattimo, Touraine, Morin, Perniola, Lyotard, Guattari nos oferecem pistas nesta direção. Todos eles, de forma mais ou menos explícitas, se acham inseridos no que poderíamos denominar uma transição para um novo paradigma imerso na complexidade que fusiona sujeito e objeto, em que a técnica é provocação para pensar, em que a estética proporciona um testemunho determinante da contemporaneidade.

O sujeito nesta configuração se despe das dicotomias (sujeito/objeto, consciente/inconsciente, corpo/espírito), oposições constitutivas do ideal humanista da determinação do homem como consciência, lugar da liberdade e da verdade.

Readquire-se o valor etimológico do termo *subjectus*, particípio passado de *subjicere*, pelo qual o sentido caminha em direção às idéias de submissão, subordinação, sujeição. Sujeito determinado por uma ação que lhe é exterior e à qual deve se submeter. Como acentua Wladimir Krysinski[148], para que o sujeito da submissão e da sujeição se tornasse uma categoria antropomórfica, filosófica, jurídica, sociológica, foi necessário fazê-lo sofrer operações discursivas e ideológicas: do papel de paciente, passou à categoria de agente. As diversas filosofias que se ocuparam da constituição do sujeito desde o *cogito* cartesiano à identidade dos indiscerníveis de Leibniz, passando pela consciência de si de Hegel, pelo imperativo categórico de Kant, pelo *Dasein* de Heidegger ou pela morte do homem de Foucault, oferecem reservatórios de tematizações.

Não pretendo fazer uma arqueologia dos deslocamentos efetuados, mas demarcá-los como produções discursivas pontuais, em que oscilam posturas cuja tônica é a codificação, e outras que, sobretudo, caminham para a descodificação na trilha de Nietzsche, Freud, Lacan, Derrida ou Deleuze. Num lugar intermediário, Castoriades[149] assinala as diversas instâncias constitutivas do sujeito, mas não abre mão da procura de uma unidade, até pela necessidade de imputação de responsabilidade ética a partir de uma dinâmica que implique reflexão e vontade.

Face à perda progressiva dos grandes referenciais antigos, a modernidade, incluindo aí o momento contemporâneo, vai criando novas versões/interpretações, vai explodindo em subjetividades que se configuram de forma pontual.

A questão do sujeito moderno, maximamente expressa no contemporâneo "pós-moderno", como assinala Luiz Cláudio Figueiredo[150], encontra sua dinâmica de subjetivação e dessubjetivação a partir do século XVI. A diversidade produzida pela intensificação do comércio por ocasião da conquista de outros continentes e dos contatos com outras línguas e objetos, tornados intercambiáveis enquanto mercado-

---

[148] KRYSINSKI, Wladimir e outros. Subjectum Comparationes: les incidences du sujet dans le discours. In: *Théorie Littéraire*. Paris: PUF, 1989, p. 234.

[149] CASTORIADES, Cornelius. *As Encruzilhadas do labirinto III*: o mundo fragmentado. Rio: Paz e Terra, 1987-1992, p. 236.

[150] FIGUEIREDO, Luiz Cláudio. *A invenção do psicológico*: quatro séculos de subjetivação – 1500-1900. São Paulo: Escuta/Educ., 1992, p. 168.

rias, complexifica o mundo, que começa a perder a ordenação das antigas "civilizações fechadas" ou a organização da *comunitas* medieval. Cresce a necessidade de pôr limites à ameaça de contaminação, de poluição. Intensifica-se o medo das zonas intermédias, das margens, das fronteiras nesta época de conversões, heresias e movimentos reformistas. Concomitantemente a este medo do contágio e a esta necessidade de codificar, entretanto, investe-se positivamente nas misturas, na diluição dos limites, pelo exercício sistemático da alquimia, como fez Paracelso. Figuras emblemáticas do período seriam Tereza de Ávila, pela radicalização do exercício da subjetividade, e o Quixote de Cervantes, simbolizando a busca da identidade perdida na retomada "maneirista" dos ideais de cavalaria.

No século XVII a cisão e o expurgo se constituem, segundo Figueiredo, em processos de ascese para a criação dos sujeitos purificados do conhecimento e da paixão, analisados respectivamente através de referências às epistemologias de Bacon e Descartes e ao sujeito ético-passional nas obras de Racine e Molière.

Os avessos da representação, ou seja, do que pode ser representado, se esboçam no século XVIII com o iluminismo, que vai consolidar a privacidade com ousadias filosóficas, científicas, literárias e políticas. Esta privacidade, na França, torna-se mesmo engajada, em oposição ao Estado absolutista.

Finalmente, a questão nos séculos XIX e XX complexifica-se com a articulação de quatro ingredientes: o individualismo de tipo ilustrado, o de tipo romântico, o liberalismo e o uso das "disciplinas". Redesenham-se agora espaços e possibilidades nos campos das discussões sobre a constituição do sujeito, sua inserção no mundo, ancorado ou não em valores como a verdade, o bem e o belo.

Esta complexidade atinge seu ápice a partir dos anos 60 e etiquetas se sucedem adjetivando o imaginário contemporâneo. Discute-se sobre o sujeito fraco, as teorias do simulacro, o sujeito-objeto, o quase-sujeito, as éticas plurais no lugar da moral universalista, as transestéticas dessublimadas.

As visões totalizantes do sujeito são preteridas em favor de conjuntos mais sutis que o definam. Segundo Krysinski[151], é preciso

[151] KRYSINSKI, Wladimir. Op. cit., p. 247-248.

sublinhar o paralelismo e a complementaridade das tomadas de posição de Nietzsche, Freud, Bakhtin, Lacan, Ricoeur e Derrida, para os quais o sujeito seria uma espécie de "indeterminação determinada", se se pode assim exprimir por este oxímoro as diferentes formas de pôr em relevo a instabilidade e a dinâmica complexa, bio-ideológica pela qual o sujeito é marcado: múltiplo, estigmatizado pela falta, descentrado, uma verdadeira estrutura dissipativa em que ordem e desperdício se conjugam. No texto literário, este drama fica ainda mais claro. Nesta linha é importante o trabalho de Bakhtin, acentuando o caráter dialógico da obra literária, em que o sujeito se torna um signo no espaço onde outros signos aparecem e se fazem respeitar.

Gianni Vattimo[152], na esteira de Nietzsche e Heidegger, descaracteriza o pensamento forte da modernidade, privilegiando a constituição de um pensamento fraco na contemporaneidade. Perde impacto o narrador clássico descrito por Benjamin, aquele que fala a partir da experiência. Nesta linha de raciocínio, é sintomática a discussão sobre o memorialismo e seu estatuto literário, que perpassa um campo que vai do sujeito empírico ao sujeito ficcional. Tradicionalmente apresentado com valor de verdade, tradução de individualidade, ponte entre um "fora" e um "dentro", o memorialismo vem sendo rediscutido e, de alguma forma, revalorizado enquanto forma discursiva, que sabe que dizer "eu sou" é um substituto para a compreensão, talvez devastadora, da errância, da ex-centricidade que o poeta nomeara "je est un autre".

A valorização da noção de testemunho, para Gianni Vattimo, "estaria ligada a resquícios do pensamento existencialista com todos os seus corolários: a irrepetível existência do indivíduo, sua peculiar relação com a verdade"[153]. O clima filosófico contemporâneo seria avesso a esta linha e seus conteúdos clássicos (indivíduo, escolha, responsabilidade, morte, angústia). A vaga de impessoalidade contemporânea é vista por ele não negativamente, mas como marca de um desvio real do pensamento, uma mutação nas condições de existência, uma verdadeira transformação do sujeito. A técnica aparece não como o que vem do exterior ameaçar os velhos e bons valores humanistas,

---

[152] CF. VATTIMO, Gianni. La crise de l'humanisme. In: *La fin de la modernité*; nihilisme et hermeneutique dans la culture post-moderne. Paris: Seuil, 1987, pp. 35-51.
[153] VATTIMO, Gianni. Op. cit., p. 37.

mas como provocação para pensar a constituição metafísica do sujeito em toda sua virulência e controle.

A evidência (idéia clara e distinta), implícita na noção do testemunho enquanto verdade, é, se pensarmos com Nietzsche, um fenômeno cultural, constitutivo de uma civilização em que o homem é pensado em termos de hegemonia da consciência sobre as outras instâncias da personalidade. No entanto, a subjetividade, pelo contrário, seria antes o produto de paixões que lutam entre si, dando lugar a equilíbrios constantemente provisórios. Quando Vattimo afirma, então, o ocaso do sujeito, está se referindo ao fato de que hoje se começa a reconhecer que a consciência não é a instância suprema. Para Vattimo, se Nietzsche representa a crise do sujeito do ponto de vista do caráter estratiforme de psique individual, Heidegger representa a crise da noção de sujeito pela forma como sublinha sua radical e constitutiva pertença ao mundo histórico social: o sujeito, mergulhado desde sempre na inautenticidade do *Dasein*.

As noções de indivíduo e sujeito tendem a perder seus contornos, recebendo múltiplas leituras. A propósito da distinção que se costumava fazer sobre o sujeito ser um conceito filosófico e o indivíduo um conceito que se relacionava com a prática social, Foucault mostra que o sujeito é uma prática social tanto quanto o indivíduo um conceito filosófico. Ele não afirma o valor absoluto do indivíduo na sua singularidade ou a valorização da vida privada, mas uma mudança política, cuja chave está na forma do sujeito se proporcionar novos processos de subjetivação. A forma do sujeito, entendida não como a do *cogito* ou do sujeito transcendental, autônomo, mas de um sujeito ascético que se constitui nas práticas de si[154].

No que se refere ao indivíduo, ele sofre dois tipos de processo. Inicialmente, deixa de ser concebido predominantemente como um trabalhador, um consumidor ou mesmo um cidadão, para tornar-se sempre mais um ser do desejo, habitado por forças impessoais, e também um ser individual, privado, como lembra Touraine[155]. Desconstrói-se, de certa forma, a articulação sujeito contratual/Estado, que havia permitido a saída do universo holista para o universo individua-

[154] CF. FOUCAULT, Michel. *História da sexualidade 3*: o cuidado de si. Rio de Janeiro: Edições Graal, 1985.
[155] TOURAINE, Alain. *Critique de la modernité*. Paris: Fayard, 1992, p. 245.

lista. Neste universo o sujeito era o lugar que permitia uma ligação entre os indivíduos em torno de ideais universais. Com a desestruturação a que assistimos, o indivíduo e o sujeito tornam-se lugares de acirradas discussões, que lançam pistas para se perceberem as configurações que informam o contemporâneo nas discussões sobre a nova cidadania.

## 1- Sujeito, complexidade e incerteza

> *"Vejo um animal menos forte que uns e menos ágil que outros, mas aberto a tudo, organizado de forma mais vantajosa".*
>
> *Jean Jacques Rousseau.*

Refletindo sobre a questão da subjetividade relacionada ao paradigma científico, Edgar Morin aponta para o fato de que em muitas filosofias e metafísicas o sujeito confunde-se com a alma, com o que é superior e espiritual, banindo o universo dos sentidos como irracional. Por outro lado, a ciência, também estrategicamente, dissolveu o sujeito em determinismos físicos, sociológicos ou culturais, excluindo o incomensurável, o inominável. Descartes apontou em direção a dois mundos: o mundo dos objetos, relevante para o conhecimento científico objetivo, e o mundo reflexivo e intuitivo dos sujeitos. "Por um lado, a alma, o espírito, a sensibilidade, a filosofia, a literatura; por outro as ciências, as técnicas, a matemática".[156]

Ora, Morin, em suas numerosas obras, vai acentuar a impossibilidade das demarcações objetais precisas, a inclusão do sujeito no ato de conhecer, o cruzamento multidisciplinar, e a incerteza existencial como sendo a marca do propriamente humano.

Em entrevista, ele afirma a sedução que sobre ele exerce o incerto e cita Böhr: "o contrário de uma verdade profunda é uma outra verdade profunda".[157] Na trilha de Nietzsche pensa que é preciso fundar o pensamento na ausência de fundamento. A negociação com o

---

[156] MORIN, Edgar. "A noção de sujeito". In: MORIN, Edgar e outros: *Novos paradigmas, cultura e subjetividade.* org. Dora Fried Schnitman; trad. Jussara Haubert Rodrigues. Porto Alegre: Artes Médicas, 1996, p. 45.

[157] Apud EWALD, François. "Edgar Morin, philosophie de l'incertain". In: Magazine litteraire, n. 312. Juillet-aout, 1993.

incerto surge como ingrediente da complexidade num mundo onde o que há são sobretudo opostos.

No século XX assistimos à invasão da cientificidade clássica nas ciências humanas e sociais. Lévi-Strauss, Althusser e Lacan, cada um a sua maneira, liquidaram a noção de homem e a noção de sujeito, adotando o inverso da famosa máxima de Freud "aí onde está o isto deve devir o eu". A versão estruturalista, pelo contrário, afirmará que aí onde está o eu há que liquidá-lo, deve vir o isto. Se houve alguns retornos do sujeito, eles se deram com Foucault e Barthes, coincidindo com um retorno do Eros e da literatura.

A pista que Morin oferece é pensar o sujeito através da própria lógica do ser vivo: bio-lógica. Reflete a partir das estruturas e formas de vida mais simples como a das bactérias para a partir daí retomar conceitos como o de autonomia, rever a relação espécie/indivíduo, a noção do "computo" como princípio de individuação e egocentrismo, a identidade animal e as categorias de inclusão, exclusão e intercomunicação. Numa longa deriva, Morin reconceitua tais noções descrevendo o modo biológico paradoxal e complexo de ser, comum ao homem e às bactérias, para afirmar que nossa tragédia está ligada ao princípio da incerteza que na verdade se desdobra em dois. O primeiro consiste no fato de que o eu não é nem primeiro, nem puro. O "computo" não existe fora de todas as operações físico-químico-biológicas que constituem a auto-eco-organização da bactéria. Mas num determinado momento a organização físico-química adquire caracteres propriamente viventes e obtém a possibilidade de computação em primeira pessoa. Entretanto, em cada eu há algo de "nós" e do "se". O eu não é puro, não está só, nem é único. A visão complexa do sujeito deve enlaçar o "eu", o "nós", o "se" e o "isto". O princípio da incerteza nos leva à dúvida sobre quem fala a cada momento. Daí a importância de retomar Freud e fazer emergir o eu onde está o ele, sem que este último desapareça. O princípio da incerteza também se refere à oscilação visceral do indivíduo entre ser o centro da existência e ser um nada. Divididos entre egoísmo e altruísmo, somos capazes de optar por algo que nos transcenda, sendo capazes paradoxalmente de procurar a própria morte pela humanidade, Deus, a fé ou a verdade. A Lição de Morin é pois a de sublinhar os paradoxos que fazem da subjetividade uma produção complexa, livre e independente, imanente e transcendente, humana, enfim.

## 2- A experiência da passibilidade

*"Os artistas são antes de mais nada homens que pretendem tornar-se inumanos".*

*Apollinaire.*

O humanismo afirmava o homem como um valor seguro, com a faculdade inclusive de suspender e interditar a suspeição. Lyotard vai se perguntar se não é próprio do homem ser habitado pelo inumano. Aponta dois tipos de inumanidade e a necessidade de mantê-los dissociados: a do sistema em curso de consolidação, sob o nome de desenvolvimento (entre outros), e aquela infinitamente secreta de que a alma é refém.[158]

Lyotard opta pela manutenção da indeterminação entre o humano e o inumano. Se o título de humano, segundo o autor, pode e deve caminhar entre a indeterminação nativa (infantil) e a razão instituída ou a instituir-se, também o pode e deve o inumano. E pergunta como resistir ao inumano do desenvolvimento. Que mais resta para opor resistência, que a dívida que toda a alma contraiu com a indeterminação miserável de sua origem da qual não cessa de nascer? Ou seja, com o outro inumano?

A tarefa da escrita do pensamento da literatura das artes é, para o autor, aventurar-se a prestar um testemunho, diverso do positivismo lógico, do racionalismo.

O que estas formas diversas têm em comum é a liberdade e a não-preparação com que a linguagem mostra ser capaz de receber o que pode acontecer no meio falante e de ser acessível ao acontecimento (receber o que o pensamento não está preparado para pensar). A verdadeira complexidade consistirá nessa passibilidade em vez de se situar na atividade de reduzir ou construir a linguagem.

O princípio da razão se precipita para o fim, para a resposta. As traduções de pensamento não ocidentais oferecem uma atitude muito diferente. O que interessa não é a resposta, mas o questionamento, a

[158] LYOTARD, Jean François. *O inumano.* Lisboa: Estampa, 1990, p. 10.

manutenção da inquietação. A problemática derridiana do descentramento e da diferença, o princípio deleuziano de nomadização dependem, apesar de diferentes, desta aproximação do tempo como escuta. A velocidade, como bem lembra Kundera, é a forma de êxtase com que a revolução técnica presenteou o homem. Contrariamente ao motociclista, o corredor está presente no seu corpo, sente sua respiração, seu peso, idade. Pergunta o autor: por que o prazer da lentidão desapareceu?[159]

A aposta de Lyotard é que no acontecimento possa dar-se a presença de algo que é diferente do espírito e que acontece de vez em quando. No esforço em falar desta presença, o autor refere-se a um tipo de música em que a necessidade de ressonância e consonância não dá origem a desdobramento ou síntese mas é sentida como impotência e dor. "O inigualável ou o irrepetível não reside nos encadeamentos. Talvez se esconda e se ofereça em cada átomo sonoro".

Como a propósito do pertencimento fusional do sujeito e do mundo em suas diversas escalas, descrito por Morin, o sujeito não é o do controle mas o do trânsito, do trâmite, da mediação.

O que se desconstrói, aqui, é tanto o sujeito forte cartesiano quanto o sujeito fraco descrito por Vattimo. Na passibilidade há uma noção de estoicismo que nos leva direto ao pensamento de Mário Perniola.

## 3- Coisa entre coisas: a subjetivação como enigma

> *"Fosse eu apenas não sei onde ou como,*
> *uma coisa existente sem viver".*
> *Fernando Pessoa.*

Para Mário Perniola[160], a pergunta sobre a relação entre o pensamento e a experiência de nossos dias solicita uma resposta ligada a uma filosofia do presente, uma filosofia enigmática. O filósofo é aquele que se torna nada para escutar o presente e seu enigma. O filósofo manda calar os seus desejos, os seus afetos desordenados e as suas opiniões íntimas para não interpor obstáculos e barreiras prejudi-

[159] KUNDERA, Milan. *La Lenteur.* Paris: Gallimard, 1995, p. 11.

[160] PERNIOLA, Mário. *Enigmas*; o momento egípcio na sociedade e na arte. Lisboa: Bertrand, 1994.

ciais à compreensão de mais uma história. Pensamento de trâmite, despido de arrogância, mas não fraco.

Vivemos numa sociedade de imagem, mas devíamos nos referir a uma sociedade das coisas, ou seja, à da ruptura com o subjetivismo. Não se trata de um nihilismo que se substituiria à arrogância do sujeito da razão, mas uma atitude enigmática que permite uma ligação direta com a sociedade. O enigma não é uma dificuldade, um obstáculo, um limite à busca da verdade. Com Heráclito, a experiência do enigma adquire uma dimensão filosófica plena. Ultrapassa a oposição entre segredo e revelação e abre para uma linguagem que "não diz nem oculta", acena apenas. A importância de Heráclito reside no fato de ele ter afirmado o caráter unitariamente enigmático da realidade: não uma visão dualista do mundo, mas um combate de opostos coexistentes. No início da filosofia ocidental, encontramos uma profunda negação de identidade e uma rigorosa formulação da natureza do trânsito como "repousante transmutar e transmutante repousar".[161]

O enigma não consiste na mudança, na possibilidade do novo; a mudança é possível apenas sob a condição de a coisa permanecer a mesma e, vice-versa, a coisa permanece a mesma só na mudança. Mesmidade como trânsito e trânsito como mesmidade. O tempo do enigma é o presente. Ele nasce justamente do colapso tanto do passado quanto do futuro num presente ambíguo e problemático. Este tipo de experiência não nasce do retorno do recalcado nem do choque do futuro. Nem a hermenêutica, nem a utopia. Assistimos a uma inversão entre o homem e as coisas: os homens tornam-se parecidos com as coisas e o mundo inorgânico, graças à tecnologia eletrônica, parece substituir-se ao homem na percepção dos fenômenos.

A isto Perniola chama efeito egípcio. Na cultura egípcia, as coisas tinham faculdades humanas: às estátuas dos deuses, resguardadas do olhar dos homens, atribuía-se o poder de ver os visitantes dos tempos; os Colossos de Memnon ressoavam ao despontar do sol; às múmias era garantido o exercício de todas as funções vitais. "Ao contrário, os homens, de todo inconscientes de si próprios, eram movidos por um formidável instinto de objetivação, pela tendência a exteriorizar algo cuja

[161] Ibidem p. 35.

substância lhes permanecia ignota e incognoscível".[162] Um culto de alcance prático a tudo se atreve, não se deixando obstaculizar.

Na linha deleuziana, diante do enigma contemporâneo, a atitude não é buscar a transparência, a verdade de um segredo, mas desenvolver as pregas, seguir os labirintos ("volvo"), percorrer as diversas camadas, entretecendo junto coisas diferentes, estabelecendo o continuum através de transições insensíveis ("flecto") numa transversalidade entre os planos ("clino"). O pensamento da prega não é nihilista, mas estóico. A razão filosófica funde-se com a razão poética e com a razão social, num presente carregado de passado e grávido de futuro.

Aludindo a este momento de coincidência entre o antigo e o futurível, a este momento barroco, ele caracteriza a sociedade contemporânea como neo-apática e neo-pagã. Neo-apática, pelo culto da indiferença; neo-pagã, pela possessão. Ambas as experiências representam uma ruptura com o subjetivismo, um perder-se de si, um sentir-se via de passagem de algo exterior.

Na vertente neo-apática descreve, por exemplo, a passagem da cultura pop (ainda subjetivista) à cultura punk e pós-punk ("no future, no feelings"). A união entre o vídeo e a cultura juvenil na vídeo-music marca a desvitalização da figura humana pela separação da voz e do corpo num efeito diferente do cinema mudo quando a falta de palavra não fazia senão exaltar a expressividade da figura humana. No vídeo-clip, as figuras humanas, geralmente privadas de voz, dão impressão da objectualidade, coisificam-se.

Também na passagem da moda à anti-moda e ao look, ele acentua a mesma dessubjetivação. O look é a autonomização das aparências: a imagem torna-se coisa. O look anula a nudez como a veste, instaura uma paisagem.

A dimensão neopagã por sua vez estaria articulada com a hibridização de culturas na atualidade e o desejo de vivências de outras tonalidades emocionais: possessão, delírio, transe. Já na modernidade, dos românticos a Nietzsche, de Baudelaire aos surrealistas, havia um grande interesse pelo êxtase interpretado ainda dentro do âmbito da cultura do sujeito. Também nos anos 70 o uso das drogas não saiu do mesmo tipo de cultura, tendo um teor transgressivo e patológico.

[162] Ibidem p. 78.

É o lado positivo dos fenômenos extáticos que o autor quer hoje acentuar. Ao contrário do pensamento tribal de Maffesoli[163], que sublinha a importância do "sentir junto", aqui o desapossar-se, o tornar-se coisa, visa a oferecer um receptáculo corporal ao que vem de fora. A experiência assemelha-se à do escritor, do pensador ou do artista que "se nadificam para deixarem espaço ao enigma da escrita, do pensamento e da arte".[164]

O que se quer ressaltar nos novos processos de subjetivação/dessubjetivação não é a fragilidade do homem, mas suas capacidades de suportar o mundo e de dar testemunho, idéias que nos chegam através de Lyotard e Mário Perniola e que de certa forma apontam como foi referido para uma espécie de estoicismo.

## 4- Escrituras fractais da subjetividade: a função poética

*"Terminei por achar sagrada a desordem de meu espírito".*
*Rimbaud.*

Guattari[165] pensa que considerar a subjetividade sob o ângulo da produção é sair dos sistemas tradicionais de determinação do tipo infra-estrutura material, superestrutura ideológica, uma vez que os diferentes registros semiológicos que engendram a subjetividade não obedecem a relação hierárquica.

Entre as questões que incitam a ampliar a noção da subjetividade e rever os modelos de Inconsciente, ele enumera: a irrupção de fatores subjetivos no primeiro plano da atualidade histórica (movimento de massa tanto emancipadoras quanto conservadoras), o desenvolvimento maciço de produções maquínicas de subjetividade e enfim o recente destaque de aspectos etológicos e ecológicos relativos à subjetividade humana.

Primeiramente o autor afirma que os fatores subjetivos desempenham hoje papel preponderante, a partir do momento que foram

---

163 MAFFESOLI, Michel. *O Tempo das tribos;* o declínio do individualismo nas sociedades de massa. Rio de Janeiro: Forense Universitária, 1987, p. 21.

164 PERNIOLA, Mário. Op cit., p. 90.

165 GUATTARI, Félix. *Caosmose*; um novo paradigma estético. Tradução Ana Lúcia de Oliveira e Lúcia Cláudia Leão. Rio de Janeiro: Ed. 34, 1992.

assumidos pelos mass média de alcance mundial. Os grandes movimentos de subjetivação não tendem, porém, necessariamente para a emancipação. Assim a revolução subjetiva que atravessa o povo iraniano se focalizou sobre arcaísmos religiosos e atitudes conservadoras.

Para ele, as ciências sociológicas, as ciências econômicas, políticas e jurídicas parecem, no momento, incapazes de dar conta do coquetel subjetivo contemporâneo. Também a psicanálise tradicional não aparece melhor posicionada por reduzir fatos sociais a mecanismos psicológicos. Daí a necessidade de forjar uma concepção mais transversalista e dinâmica da subjetividade, revendo a leitura por exemplo das máquinas tecnológicas de informação e comunicação que operam no núcleo da subjetividade humana. A evolução maquínica deverá ser julgada de acordo com suas articulações, com os agenciamentos coletivos de enunciação. Poderemos chegar a um estágio de re-singularização da mídia, saindo da opressão atual.

Por último, Guattari examina os aspectos etológicos e ecológicos que seriam da ordem de um paradigma estético. As formações pré-verbais infantis não seriam fases no sentido freudiano, mas subjetividades nascentes que não cessaremos de encontrar no sonho, no delírio, na exaltação criadora, no sentimento amoroso.

Pode-se perceber um movimento a uma abertura do campo do inconsciente que se conjuga a uma outra concepção de subjetividade no contemporâneo. A partir das noções de complexidade, passibilidade, coisificação e função poética, procuramos apontar nesta direção.

Este livro, da MAUAD Editora,
foi impresso em papel ofsete 75g,
na Gráfica Markgraph